EXECUÇÃO FISCAL SEMIJUDICIAL NO BRASIL

A QUEBRA DO PARADIGMA DA JUDICIALIZAÇÃO

ARTUR BARBOSA DA SILVEIRA

Prefácio
Massami Uyeda

EXECUÇÃO FISCAL SEMIJUDICIAL NO BRASIL
A QUEBRA DO PARADIGMA DA JUDICIALIZAÇÃO

Belo Horizonte

FÓRUM
CONHECIMENTO JURÍDICO
2021

© 2021 Editora Fórum Ltda.

É proibida a reprodução total ou parcial desta obra, por qualquer meio eletrônico, inclusive por processos xerográficos, sem autorização expressa do Editor.

Conselho Editorial

Adilson Abreu Dallari
Alécia Paolucci Nogueira Bicalho
Alexandre Coutinho Pagliarini
André Ramos Tavares
Carlos Ayres Britto
Carlos Mário da Silva Velloso
Cármen Lúcia Antunes Rocha
Cesar Augusto Guimarães Pereira
Clovis Beznos
Cristiana Fortini
Dinorá Adelaide Musetti Grotti
Diogo de Figueiredo Moreira Neto (*in memoriam*)
Egon Bockmann Moreira
Emerson Gabardo
Fabrício Motta
Fernando Rossi
Flávio Henrique Unes Pereira

Floriano de Azevedo Marques Neto
Gustavo Justino de Oliveira
Inês Virgínia Prado Soares
Jorge Ulisses Jacoby Fernandes
Juarez Freitas
Luciano Ferraz
Lúcio Delfino
Marcia Carla Pereira Ribeiro
Márcio Cammarosano
Marcos Ehrhardt Jr.
Maria Sylvia Zanella Di Pietro
Ney José de Freitas
Oswaldo Othon de Pontes Saraiva Filho
Paulo Modesto
Romeu Felipe Bacellar Filho
Sérgio Guerra
Walber de Moura Agra

FÓRUM
CONHECIMENTO JURÍDICO

Luís Cláudio Rodrigues Ferreira
Presidente e Editor

Coordenação editorial: Leonardo Eustáquio Siqueira Araújo
Aline Sobreira de Oliveira

Av. Afonso Pena, 2770 – 15º andar – Savassi – CEP 30130-012
Belo Horizonte – Minas Gerais – Tel.: (31) 2121.4900 / 2121.4949
www.editoraforum.com.br – editoraforum@editoraforum.com.br

Técnica. Empenho. Zelo. Esses foram alguns dos cuidados aplicados na edição desta obra. No entanto, podem ocorrer erros de impressão, digitação ou mesmo restar alguma dúvida conceitual. Caso se constate algo assim, solicitamos a gentileza de nos comunicar através do *e-mail* editorial@editoraforum.com.br para que possamos esclarecer, no que couber. A sua contribuição é muito importante para mantermos a excelência editorial. A Editora Fórum agradece a sua contribuição.

Dados Internacionais de Catalogação na Publicação (CIP) de acordo com a AACR2

S587e	Silveira, Artur Barbosa da Execução fiscal semijudicial no Brasil: a quebra do paradigma da judicialização / Artur Barbosa da Silveira.– Belo Horizonte : Fórum, 2021. 128 p. ISBN: 978-65-5518-178-4 1. Direito Tributário. 2. Direito Constitucional. 3. Direito Processual Civil. I. Título. CDD 341.39 CDU 34:336

Elaborado por Daniela Lopes Duarte - CRB-6/3500

Informação bibliográfica deste livro, conforme a NBR 6023:2018 da Associação Brasileira de Normas Técnicas (ABNT):

SILVEIRA, Artur Barbosa da. *Execução fiscal semijudicial no Brasil*: a quebra do paradigma da judicialização. Belo Horizonte: Fórum, 2021. ISBN 978-65-5518-178-4.

A Deus: que me dá forças para prosseguir adiante.

Aos meus pais, Gislaine e Adonai: com meu amor eterno e incondicional a vocês.

Aos meus sobrinhos Isabela e Igor: com todo meu carinho, amizade verdadeira e desejo de um futuro maravilhoso a ambos, do qual ficarei honrado em participar e contribuir.

À minha irmã Cristiane, agradeço pela preocupação e carinho desde a infância.

AGRADECIMENTOS

Agradeço, imensamente, à direção do curso de mestrado da Universidade Nove de Julho, de São Paulo, na pessoa dos professores doutores André Lemos Jorge e José Renato Nalini, pelos ensinamentos e subsídios intelectuais fornecidos para o aperfeiçoamento do meu desenvolvimento acadêmico.

Agradeço, também, à Procuradoria Geral do Estado de São Paulo, na pessoa da atual Procuradora Geral, Dra. Maria Lia Porto Corona, por ter possibilitado a minha atuação na área do contencioso tributário-fiscal por tantos anos, fornecendo-me a experiência e o domínio suficientes para o desenvolvimento da presente obra com a adequada propriedade.

A tarefa não é tanto ver aquilo que ninguém viu, mas pensar o que ninguém ainda pensou sobre aquilo que todo mundo vê.

(Arthur Schopenhauer)

SUMÁRIO

PREFÁCIO
MASSAMI UYEDA..13

INTRODUÇÃO..17

CAPÍTULO 1
O SISTEMA ARRECADATÓRIO DE TRIBUTOS NO BRASIL
E A NECESSÁRIA QUEBRA DO PARADIGMA
DA JUDICIALIZAÇÃO..21

1.1 Uma rápida passagem pela história e evolução da cobrança de
tributos no mundo e sua influência no Brasil....................................21

1.2 Os três modelos de execução fiscal atualmente existentes no
direito comparado...27

1.3 A situação atual da dívida ativa tributária no Brasil........................41

1.4 Paradigma da execução fiscal judicial no direito brasileiro
e a falta de eficiência desse sistema...43

1.5 As vantagens da desjudicialização da execução fiscal sob
os pontos de vista jurídico, ético e humanitário...............................49

1.6 A desjudicialização como instrumento viabilizador do acesso
à Justiça..55

CAPÍTULO 2
MÉTODOS ALTERNATIVOS TRADICIONAIS PARA A
RECUPERAÇÃO DOS CRÉDITOS FAZENDÁRIOS.................................61

2.1 A necessidade de prévia inscrição do débito em dívida ativa............61

2.2 O protesto extrajudicial...64

2.3 A inclusão do nome do devedor no cadastro de inadimplentes.........66

2.4 A constitucionalidade e a legalidade dos métodos supra
elencados à luz do entendimento dos Tribunais Superiores.............67

CAPÍTULO 3

HIPÓTESES PARA A IMPLEMENTAÇÃO DE UM SISTEMA ARRECADATÓRIO MAIS EFICIENTE...75

3.1 As reformas previdenciária e tributária como fatores de fortalecimento da arrecadação tributária e de redução da judicialização 75

3.2 A utilização dos diálogos institucionais como instrumentos de pacificação das relações entre os poderes instituídos e os seus reflexos na ordem tributária...79

3.3 Conciliação, mediação e arbitragem e sua aplicabilidade na execução fiscal...84

3.4 Os novos rumos da cobrança dos créditos tributários: as estratégias adotadas pela Fazenda Pública para a implementação de métodos de arrecadação e de fiscalização mais eficientes...93

3.5 O modelo de execução fiscal semijudicial (ou mista) e a viabilidade de sua utilização no Brasil 98

3.6 Os projetos de lei e as tentativas de desjudicialização da execução fiscal brasileira: uma questão (ainda) em aberto.............111

CONCLUSÃO..117

REFERÊNCIAS...119

PREFÁCIO

O estudo elaborado pelo Dr. Artur Barbosa da Silveira, ao versar sobre a quebra do paradigma da judicialização da execução fiscal no Brasil, como solução racional para o aperfeiçoamento da arrecadação da dívida ativa, ao mesmo tempo em que aponta para o efetivo descongestionamento do aparelhamento judicial do Estado, representa importante contribuição para o aperfeiçoamento da prestação do serviço público, em geral, escopo e razão de ser da existência do próprio Estado.

O estudo é resultado de ampla pesquisa histórica e de direito comparado sobre o instituto da cobrança da dívida ativa e, especificamente, lança luzes sobre a realidade atual no cenário brasileiro, mostrando, com base em relatórios oficiais, o quão caótica e surreal se apresenta a questão da cobrança judicial da dívida ativa, que, longe de proporcionar a esperada arrecadação, ao contrário, provoca mais despesas e prejuízos à sociedade.

A tão só leitura da Introdução do presente trabalho, dimensiona o tamanho do equívoco a que se submete a Nação Brasileira, com a manutenção de um sistema ineficiente de cobrança, cujas consequências contribuem para o desarranjo na prestação de serviços públicos essenciais.

Veja-se, como ali se menciona, que *"o estoque total da dívida da União, no início do ano de 2019, estava em R$2,1 trilhões, sendo R$1,6 trilhão de origem não previdenciária e R$491,2 bilhões de origem previdenciária e que todos os Estados da Federação possuem altos estoques de dívida ativa (...) no Estado de São Paulo, maior ente federado do Brasil em arrecadação, estão inscritos na dívida ativa R$350 (trezentos e cinquenta) bilhões de reais (dados de dezembro de 2018), sendo que o orçamento estadual de 2018 foi de R$216 (duzentos e dezesseis) bilhões de reais. É certo, ainda, que boa parte dessa dívida corresponde a créditos 'podres', cujo recebimento é improvável, em razão da situação de falência ou de inatividade presumida das empresas devedoras."*

Para a cobrança da dívida ativa, no ano de 2015, segundo dados fornecidos por José Renato Nalini, que foi Presidente do Tribunal de Justiça de São Paulo, *"o Poder Judiciário paulista tinha R$11.650 milhões de* *execuções fiscais em curso, sendo R$409 mil federais, 1.129 milhão do Estado de São Paulo e 10.111 milhões dos Municípios paulistas. A despesa com execuções fiscais naquele ano chegou a R$4.765 bilhões e a taxa de congestionamento das execuções no Tribunal de Justiça do Estado de São Paulo era de 90%. Frise-se que tal situação não se alterou substancialmente até a presente data".*

Esse cenário, que torna compulsória, por força da legislação, a cobrança da dívida ativa pela via judicial, compromete a arrecadação e a capacidade dos entes federativos promoverem os investimentos e a implementação das políticas públicas.

Relatório do Conselho Nacional de Justiça, mencionado no trabalho do Dr. Artur Barbosa da Silveira, assinala que, em 2019, tramitavam no Judiciário Brasileiro o alarmante número de mais de 78 milhões de processos judiciais.

A população brasileira, segundo dados do IBGE de 2019, era de aproximadamente 210 milhões de habitantes, o que, em média, aponta para o número aproximado de 2,15 (dois e meio) habitantes por processo judicial no Brasil.

Segundo levantamento efetuado no citado Relatório do CNJ, *"o principal fator de morosidade da Justiça são as execuções fiscais, que, ao final de 2018, representavam 39% do total de casos pendentes, com congestionamento de 91,7%. Ou seja, de cada 100 (cem) processos de execução fiscal que tramitaram em 2018, apenas 8 (oito) foram definitivamente julgados."*

Discorrendo sobre a baixa recuperação do crédito tributário nas execuções fiscais, o destaque assinalado no estudo do Dr. Artur Barbosa da Silveira é eloquente e fundamenta a necessidade de se encontrar solução para a cobrança da dívida ativa:

> Historicamente, as execuções fiscais têm sido apontadas como o principal fator de morosidade do Poder Judiciário. O executivo fiscal chega a juízo depois que as tentativas de recuperação do crédito tributário se frustraram na via administrativa, provocando sua inscrição na dívida ativa. Dessa forma, o processo judicial acaba por repetir etapas e providências de localização do devedor ou patrimônio capaz de satisfazer o crédito tributário, já adotadas, sem sucesso, pela administração fazendária ou pelo conselho de fiscalização profissional. Acabam chegando ao Judiciário títulos de dívidas antigas e, por consequência, com menor probabilidade de recuperação.

O estudo do Dr. Artur Barbosa da Silveira tem a precisão cirúrgica de lancetar o *"punctum pruriens"* do quadro patológico que deriva de uma equivocada compreensão de que a cobrança da dívida ativa do Estado não comporta formas alternativas para a sua efetivação, obstaculizando-se a utilização dos institutos da conciliação, da mediação e da arbitragem, que seriam possíveis, mediante adequação legislativa.

Cumprimento o Dr. Artur Barbosa da Silveira pela relevante contribuição que dá a um dos temas mais instigantes e de vital importância para a construção de uma sociedade mais justa e equânime, que é a adequada, eficaz e eficiente arrecadação do crédito fiscal do Estado.

São Paulo, fevereiro de 2020.

Massami Uyeda
Ministro aposentado do Superior Tribunal de Justiça.
Mestre e Doutor em Direito (USP).
Advogado e Consultor.

INTRODUÇÃO

O uso do termo "desjudicialização" é constante na doutrina e na jurisprudência nacional, havendo discussões atuais e em diversos ramos do Direito sobre as vantagens de se retirar do Poder Judiciário a responsabilidade de decidir sobre assuntos cuja resolução poderia perfeitamente se dar pela via administrativa ou mesmo mediante acordo entre as próprias partes.

A desjudicialização pode ser conceituada como a faculdade conferida às partes de comporem seus conflitos fora do âmbito do Poder Judiciário, por meio de ferramentas alternativas extrajudiciais, permitindo que a solução das controvérsias possa ser definida pelas próprias partes ou por intermédio de um árbitro ou mediador.

Nesse sentido, é quase pacífico na doutrina e na jurisprudência que a "desjudicialização" é necessária, dentre outros motivos, por reduzir o enorme contingenciamento de processos judiciais em tramitação, permitindo a concentração da atividade jurisdicional em matérias de maior relevância social, tal como, por exemplo, a efetivação de direitos fundamentais.

No Direito Tributário não é diferente: relatórios e estatísticas publicadas por diversos institutos oficiais, tais como o Conselho Nacional de Justiça e o Instituto de Pesquisa Econômica Aplicada, apontam para números alarmantes envolvendo execuções fiscais de dívidas tributárias pertencentes a todos os entes federados, a maioria delas tendo por objeto débitos de pequeno valor e de baixa recuperação.

Ao contrário do Brasil, que ainda sofre com a cultura da "judicialização" das execuções fiscais, na maioria dos países desenvolvidos e em desenvolvimento, a cobrança da dívida ativa tributária se dá de forma unicamente administrativa, ou ao menos mista (administrativa e judicial), sendo o Poder Judiciário acionado apenas em hipóteses excepcionais.

Sob esse prisma, deve ser repensado o modelo de execução fiscal judicial no Brasil, no sentido de rompermos com o paradigma da "judicialização" e permitirmos a utilização, a par dos instrumentos alternativos já existentes, da conciliação, da mediação, da arbitragem, bem como de possibilitarmos ao Fisco implementar métodos de cobrança mais eficientes e, por fim, adotarmos como alternativa o modelo semijudicial da execução fiscal com predominância da fase administrativa, atualmente em vigor, por exemplo, no Chile, cuja utilização é viável no Brasil, ressalvada a necessidade de adaptações pontuais na nossa legislação.

Embora a evolução dos meios tecnológicos tenha contribuído para a melhoria da situação colocada – especialmente em razão do advento do processo judicial eletrônico, da inteligência artificial e das novas práticas de fiscalização e de seleção de débitos e de devedores adotadas pelas Fazendas Públicas –, referidas novidades não são suficientes para afastar a premente necessidade de desjudicialização das execuções fiscais.

A par desses avanços, são necessários métodos alternativos para a cobrança da dívida ativa tributária que tragam mais efetividade, eficiência e celeridade à arrecadação fiscal, garantindo, ao mesmo tempo, o respeito aos direitos fundamentais dos contribuintes, sem perder de vista o princípio constitucional da inafastabilidade da jurisdição, previsto na Constituição da República.

Desse modo, no presente trabalho, elaborado a partir de pesquisas doutrinárias, jurisprudenciais e da análise de diversos diplomas legais brasileiros e internacionais, estudaremos, no primeiro capítulo, o fenômeno da "desjudicialização", com foco no direito tributário brasileiro, elencando suas vantagens, com referência ao direito comparado, bem como traremos um panorama atual sobre a dívida tributária no Brasil.

No segundo capítulo, estudaremos os métodos alternativos tradicionais de cobrança do crédito tributário, quais sejam: o protesto do título em cartório e a inclusão do nome do devedor no cadastro de inadimplentes, cuja constitucionalidade e legalidade já foram reconhecidas, respectivamente, pela jurisprudência do Supremo Tribunal Federal e do Superior Tribunal de Justiça.

No terceiro capítulo, traremos algumas hipóteses para a implementação de um sistema arrecadatório mais eficiente, passando pelas necessárias reformas da previdência e tributária, transitando pelo campo dos diálogos institucionais, abordando a possibilidade de adoção dos métodos alternativos de solução de controvérsias no âmbito tributário e as novas estratégias de cobrança e recuperação de créditos tributários utilizadas pelos Fiscos dos entes políticos no Brasil.

Ousaremos em suscitar uma nova hipótese de cobrança tributária, sugerindo a "judicialização" da dívida ativa fiscal somente no caso impugnação da cobrança administrativa pelo devedor, ou seja, proporemos e analisaremos a constitucionalidade da utilização da execução fiscal "semijudicial" ou mista, adaptada ao modelo legislativo brasileiro, a ser utilizada em conjunto com as técnicas fiscalizatórias que já vêm sendo aprimoradas pelas Fazendas Públicas.

Por fim, citaremos alguns dos principais projetos de lei já propostos nas Casas Legislativas sobre a desjudicialização da execução fiscal no Brasil, com referências às suas fases de tramitação e à sua situação atual.

CAPÍTULO 1

O SISTEMA ARRECADATÓRIO DE TRIBUTOS NO BRASIL E A NECESSÁRIA QUEBRA DO PARADIGMA DA JUDICIALIZAÇÃO

1.1 Uma rápida passagem pela história e evolução da cobrança de tributos no mundo e sua influência no Brasil

O direito à tributação e à execução dos créditos estatais contra os contribuintes inadimplentes existe desde os primórdios da humanidade, tendo marcado presença em nações na Idade Antiga, como Egito, Grécia e Roma, que posteriormente constituíram Impérios milenares.[1]

Mesmo em documentos datados de 4000 a.C., encontrados por arqueólogos na Mesopotâmia, temos referência aos tributos, em que o povo Sumério era obrigado a passar até cinco meses por ano trabalhando gratuitamente para o Rei.

Do mesmo modo, no Egito, documentos recuperados por arqueólogos indicam que, em aproximadamente 3000 a.C., os faraós coletavam impostos em dinheiro ou em serviços pelo menos uma vez por ano, havendo um forte controle arrecadatório pelos escribas, responsáveis por determinar a dívida de cada um e que fiscalizavam até o consumo de óleo de cozinha pelas residências, já que essa era uma substância tributada. Os impostos eram mais altos para estrangeiros

---

[1] VELLOSO, Rodrigo. Uma breve história dos impostos. *Revista Super Interessante,* Editora Abril, 30 jun. 2003. Disponível em: https://super.abril.com.br/historia/por-que-pagamos-impostos/. Acesso em 01 jun. 2019.

e, especula-se, que os hebreus, por exemplo, se tornaram escravos em razão de suas dívidas tributárias.

No caso do Império Romano, a execução fiscal era pessoal e competia aos *"coletores de impostos"* ou *"publicanos"*, que tributavam quaisquer indivíduos que se submetessem aos domínios daquele Império, independentemente do tipo de atividade desenvolvida.

A propósito, Roma antiga aperfeiçoou a técnica de impor tributos a estrangeiros e criou o censo – usado até hoje em muitos países – para decidir quanto deveriam cobrar de cada província, sendo o cálculo do tributo determinado com base no número de pessoas. Tal prática, curiosamente, é adotada até hoje, e, nela, a capacidade de cobrar impostos é diretamente proporcional à quantidade e à qualidade de informações disponíveis sobre os contribuintes.

Aliás, para o Estado, o dinheiro nunca teve *"cheiro"*: a clássica lição de Balleiro[2] lembra que a expressão *"pecúnia non olet"* surgiu em Roma, a partir do diálogo entre o Imperador Vespasiano e seu filho Tito. Em certo momento, o filho indagou ao pai sobre a razão pela qual esse decidiu tributar os usuários de banheiros públicos na Roma antiga. Vespasiano, em resposta a Tito, justificou a incidência do tributo sob o argumento de que o dinheiro não tem cheiro, não importando para o Estado a fonte de que provenha.

A queda do Império Romano e o advento da Idade Média proporcionaram a criação de um novo sistema de arrecadação de impostos, descentralizado, no qual o Rei concedia terras e poder de cobrar tributos aos seus melhores guerreiros, em troca de proteção. Tais guerreiros passaram a ser conhecidos como senhores feudais, que contavam com servos para cultivar as suas terras, cobrando-lhes impostos sobre a produção e repassando parte dos valores para a Coroa.

De acordo com Balthazar:

> Na Idade Média, os tributos não eram pagos a um Estado, mas sim a uma pessoa, o senhor feudal, perdendo, desta maneira, o caráter fiscal [...]. Os tributos eram cobrados de acordo com os interesses do governante e não do Estado.[3]

---

[2] BALEEIRO, Aliomar. *Direito tributário brasileiro*. 11. ed. (Atualizado por Misabel Abreu Machado Derzi). Rio de Janeiro: Forense, 2007. p. 714.

[3] BALTHAZAR, Ubaldo César. *História do Tributo no Brasil*. São Paulo: Editora Boiteux, 2005. p. 17.

Ainda na Idade Média, a história da arrecadação tributária é marcada pela concentração do poder nas mãos do Rei João sem Terra, na Inglaterra, o que causou a revolta dos Barões e a criação da Magna Carta, de 1215, que limitou o poder da Coroa de cobrar impostos.

Entre os anos de 1300 a 1700 d.C., aproximadamente, os reinos se consolidaram e surgiram as Nações, marcadas pela burocracia da arrecadação tributária e pela crescente complexidade econômica das sociedades, que ensejaram a criação de teorias econômicas e novas formas de arrecadação, tais como a instituição de tarifas de importação e exportação e os impostos sobre a venda de produtos específicos, o que causou comoção e revolta social.

A Revolução Francesa de 1789, surgida em um ambiente de forte desigualdade social que permeava a França naquele período e pautada nos ideais iluministas, teve como uma de suas causas os altos impostos cobrados pelo Rei Luís XVI da classe menos favorecida – Terceiro Estado – em contraposição aos diversos benefícios fiscais concedidos pela Coroa ao clero (Primeiro Estado) e à nobreza (Segundo Estado), inaugurando um processo que levou à universalização dos direitos sociais e das liberdades individuais.

No Século XVIII, a Revolução Industrial aumentou ainda mais a complexidade da economia e as teorias em torno de sua organização, surgindo grupos liberais – ou fisiocratas – de filósofos franceses que defendiam a liberdade econômica dos indivíduos – inclusive no que se refere à cobrança de impostos.

Adam Smith, conhecido como o pai do liberalismo inglês, seguido por Jeremy Bentham e John Stuart Mill, acreditava que as leis naturais seriam responsáveis pelo progresso social e, por isso, a economia e a sociedade deveriam operar livremente com mínima intervenção do Estado.

Essa base ideológica liberal ensejou a criação do termo *laissez-faire* ("deixe fazer", em francês) para explicar qual deveria ser a postura dos governos frente à economia.

Prosseguindo na história, vemos que os baixíssimos salários e as péssimas condições de trabalho decorrentes da Revolução Industrial foram campo fértil para o nascimento de uma corrente ideológica contrária ao liberalismo clássico: o socialismo, tendo por percursores o revolucionário francês François Babeuf – decapitado em 1797 – e Karl Marx e Friedrich Engels, que publicaram o seu "Manifesto Comunista" em 1848.

Nesse sentido, a doutrina socialista passou a pregar a crença de que o liberalismo econômico ensejava uma crescente desigualdade econômica, o que seria insustentável e poderia levar à revolução das classes mais pobres. Para os socialistas, as propriedades e os meios de produção deveriam ser controlados pelo governo que, então, distribuiria a riqueza de maneira igualitária.

A história, contudo, demonstrou que nenhuma das formas ideológicas funcionou em sua forma pura, sendo necessário um equilíbrio, com concessões liberalistas e socialistas.

O primeiro programa de seguridade social, criado na Alemanha em 1889, foi concebido como forma de combater o Partido Socialista, permitindo o livre exercício da atividade econômica – nos moldes liberalistas – mas prevendo direitos sociais, tais como o direito à aposentadoria para todos os trabalhadores e benefícios para os doentes ou incapacitados, bem como, posteriormente, o seguro-desemprego.

A maior proteção dos direitos sociais pelo Estado, por consectário lógico, promoveu um aumento das despesas estatais, sendo necessária a criação de mais tributos para compensar os gastos públicos.

Foi instituído, por exemplo, o imposto de renda das pessoas físicas (IRPF), que teve sua origem na Inglaterra, em 1874, sendo cobrado de forma progressiva, de acordo com a renda do cidadão, ou seja, quem tinha mais renda deveria ceder uma parcela maior de sua riqueza ao Estado. Posteriormente, no século XIX, tal modelo foi copiado e aperfeiçoado por vários países europeus.

Em decorrência da evolução da sociedade e do surgimento das gerações de direitos fundamentais ao longo dos séculos, o direito à tributação passou a ser encarado como essencial à manutenção da máquina pública, se tornando parte da ciência do Direito e sendo incorporado aos diplomas legais de diversos países.

No Brasil, colonizado por Portugal e que sofreu forte influência dos diplomas normativos portugueses, o período das Ordenações foi marcado pela regulação estatal e pelas atividades executivas em face do devedor.

O primeiro dispositivo processual brasileiro foi o regulamento nº 737, de 25 de novembro de 1850,[4] conhecido também como Decreto

---

[4] CÂMARA DOS DEPUTADOS. Decreto nº 737, de novembro de 1850. Determina a ordem do Juizo no Processo Commercial. *Coleção de Leis do Império do Brasil*, Rio de Janeiro, 25 nov. 19850. Disponível em: https://www2.camara.leg.br/legin/fed/decret/1824-1899/decreto-737-25-novembro-1850-560162-publicacaooriginal-82786-pe.html. Acesso em 18 jun. 2019.

Imperial, que tinha por finalidade normatizar as situações do processo de execução coletivo do devedor comerciante, ou seja, teve a função de regulamentar a falência propriamente dita.

No tocante ao Direito Tributário, a história demonstra que, no Brasil, essa ciência jurídica possui autonomia recente, tendo se desvinculado gradativamente do Direito Administrativo e do Direito Financeiro durante os séculos XVIII e XIX, e ganhando uma codificação própria somente em 1966, com o Código Tributário Nacional – CTN (Lei nº 5.172, de 25 de outubro de 1966, que dispõe sobre o Sistema Tributário Nacional e institui normas gerais de direito tributário aplicáveis à União, aos Estados e aos Municípios).

Segundo Tavares, o CTN foi inspirado em fontes italianas, austríacas, alemãs e, ainda, nos modelos argentino, mexicano e uruguaio, refletindo a evolução doutrinária e legislativa estrangeira sobre a matéria:

> Neste campo do direito, de autonomia recente, que gradativamente se destacou do direito administrativo, com vinculação temporária ao direito financeiro, foi-se ter um Código apenas em 1966. No entanto, bem antes disso, nossos juristas vinham acompanhando a evolução doutrinária e legislativa estrangeira na matéria. O papel da obra do austríaco MyIbach Rheinfeld, divulgada pela tradução francesa de 1910, é tradicionalmente lembrado pelos tributaristas.
>
> Da mesma forma, a codificação alemã de 1919 estimulou as primeiras tentativas brasileiras no mesmo sentido. Entretanto, apenas em 1953 foi que o Prof. Rubens Gomes de Souza, a pedido do Governo, redigiu um anteprojeto, retomado e revisto em 1965, o qual, em 1966, tomouse o vigente Código Tributário. Inspirando-se, entre outras, em fontes italianas, austríacas, alemãs, e ainda nos modelos argentino (anteprojeto Fonrouge, de 1942, e Lei da Província de Buenos Aires, de 1947), mexicano (1940) e uruguaio (1957), os autores desse Código procuraram introduzir no direito brasileiro os mais modernos princípios e normas sobre o assunto. Em 1951, Henri Laufenburger, professor de direito financeiro na Universidade de Paris, notava: "O Prof. Gomes de Souza conhece admiravelmente os sistemas fiscais da Europa".
>
> A mesma observação poderia ser feita em relação ao seu colaborador, o Prof. Gilberto Ulhôa Canto, um dos mais renomados especialistas brasileiros em direito tributário estrangeiro, bem como a Ruy Barbosa Nogueira, professor de direito tributário comparado da Universidade de São Paulo.
>
> Deve-se salientar, igualmente, a importância do papel desempenhado pelos organismos internacionais na elaboração normativa dos estados.

Em 1968, os países-membros da Associação Latino-americana de Livre Comércio (ALALC), vinculada à Organização dos Estados Americanos (OEA) foram convidados a examinar um modelo de Código Fiscal, no quadro de um programa de harmonização de leis sobre a matéria.

Quanto ao destino do Código brasileiro vigente, não obstante o seu elevado padrão de técnica normativa, é certo que ele deverá sofrer modificações substanciais em decorrência das alterações constitucionais, particularmente quanto à repartição das receitas tributárias entre as unidades que compõem a Federação brasileira. Ao longo dos últimos anos, a hegemonia da União nessa esfera, retirara da expressão "estado federal" a sua verdadeira significação, dada a dependência econômica em que se encontravam os estados federados e os municípios. O Texto de 1988 procurou, pois, atender aos reclamos daqueles que propugnavam por um verdadeiro federalismo fiscal, mirando-se frequentemente, na legislação da República Federal da Alemanha.[5]

Já a execução fiscal no Brasil, propriamente dita, remonta ao Decreto-Lei nº 960, de 17 de dezembro de 1938,[6] que, nos termos do seu artigo 77, entrou em vigor em 1º de janeiro de 1939, sendo tal legislação revogada pelo Código de Processo Civil de 1973, que unificou as diversas legislações esparsas então existentes, com posterior surgimento da Lei Federal nº 6.830/80,[7] legislação especifica que atualmente regula a cobrança judicial dos débitos inscritos na Dívida Ativa dos entes da federação e suas autarquias, mas que, em razão dos seus 40 (quarenta) anos de existência, necessitou de diversas modificações nesse ínterim.

Atualmente, a execução fiscal no Brasil possui como seus principais diplomas normativos a Constituição Federal de 1988 – que fornece toda a base principiológica e organiza o Sistema Tributário Nacional (artigos 145 a 162) –, o Código Tributário Nacional (lei geral tributária), a Lei de Execuções Fiscais (Lei Especial) e o Código de Processo Civil de

---

[5] TAVARES, Ana Lúcia de Lyra. O direito comparado na história do sistema jurídico brasileiro. *Revista de Ciência Política – FGV*, Rio de Janeiro, p. 55-90, nov. 1989, jan. 1990. Disponível em: bibliotecadigital.fgv.br/ojs/index.php/rcp/article/download/59810/58140. Acesso em 18 jun. 2019.

[6] BRASIL. Decreto-Lei nº 960, de 17 de dezembro de 1938. Dispõe sobre a cobrança judicial da dívida ativa da Fazenda Pública, em todo o território nacional. *Coleção de Leis do Império do Brasil*, Rio de Janeiro, 31 dez. 1938. Disponível em: http://www.planalto.gov.br/ccivil_03/decreto-lei/1937-1946/Del0960.htm. Acesso em 15 jun. 2019.

[7] BRASIL. Lei nº 6.830, de 22 de setembro de 1980. Dispõe sobre a cobrança judicial da Dívida Ativa da Fazenda Pública, e dá outras providências. *Diário Oficial da União*, Brasília, 24 set. 1980. Disponível em: http://www.planalto.gov.br/ccivil_03/leis/l6830.htm. Acesso em 16 jun. 2019.

2015 (Lei nº 13.105, de 16 de março de 2015, aplicada de forma supletiva e subsidiária, conforme seus artigos 15[8] e 771, *caput* e parágrafo único).[9]

1.2 Os três modelos de execução fiscal atualmente existentes no direito comparado

Analisando o direito comparado, constatamos a coexistência de 3 (três) sistemas distintos de cobrança da dívida tributária, quais sejam: o sistema judicial; o sistema administrativo e o sistema misto, este último também chamado de sincrético ou semijudicial.

O sistema judicial é encontrado principalmente nos países onde há a unidade da jurisdição (*"una lex una jurisdictio"*), a exemplo do Brasil, do Uruguai e do Paraguai.

Nessas nações, a Administração Pública realiza uma atividade essencialmente funcional, com observância restrita ao princípio da legalidade administrativa, não visando fazer Justiça, nem declarar direitos, mas apenas efetivar coativamente a realização de uma função administrativa, regrada ou discricionária, respectivamente nos termos ou nos limites previstos em lei.

Já o Poder Judiciário tem a função de solucionar as controvérsias surgidas, dentre outras hipóteses, em razão do questionamento dos administrados à atuação da Administração Pública, resolvendo a lide definitivamente no caso concreto e aplicando a lei à espécie, fazendo a chamada coisa julgada.

De acordo com Di Pietro:

> O direito brasileiro adotou o sistema da jurisdição una, pelo qual o Poder Judiciário tem o monopólio da função jurisdicional, ou seja, do poder de apreciar, com força de coisa julgada, a lesão ou ameaça de lesão a direitos individuais e coletivos. Afastou, portanto, o sistema de dualidade de jurisdição em que, paralelamente ao Poder Judiciário, existem órgãos do Contencioso Administrativo que exercem, como aquele, função jurisdicional sobre lides de que a Administração Pública seja parte interessada.[10]

---

[8] Art. 15. Na ausência de normas que regulem processos eleitorais, trabalhistas ou administrativos, as disposições deste Código lhes serão aplicadas supletiva e subsidiariamente.

[9] Art. 771. Este Livro regula o procedimento da execução fundada em título extrajudicial, e suas disposições aplicam-se, também, no que couber, aos procedimentos especiais de execução, aos atos executivos realizados no procedimento de cumprimento de sentença, bem como aos efeitos de atos ou fatos processuais a que a lei atribuir força executiva. Parágrafo único. Aplicam-se subsidiariamente à execução as disposições do Livro I da Parte Especial.

[10] DI PIETRO, Maria Sylvia Zanella. *Direito administrativo*. São Paulo: Atlas, 2014. p. 816.

Frise-se que, nos países com unidade de jurisdição, eventual coisa julgada administrativa não impede que o jurisdicionado acione o Poder Judiciário para garantir o cumprimento dos seus direitos, em face do princípio da inafastabilidade do controle judicial.

O sistema judicial da execução fiscal apresenta como principal vantagem a segurança jurídica trazida aos contribuintes, tendo em vista que eventuais atos de constrição patrimonial sempre dependem de prévia decisão fundamentada do Estado-Juiz. A principal desvantagem desse sistema, por seu turno, deriva da necessidade desse duplo controle (judicial e administrativo), gerando um sistema pouco econômico e ineficiente.

O sistema da execução unicamente administrativa, por sua vez, encontra campo fértil nos países com dualidade de jurisdição – judicial e administrativa -, caso típico da França, que será visto na sequência.

Ainda segundo Di Pietro:

> No sistema de jurisdição administrativa, além da jurisdição judicial, exercida pelo Estado-Juiz, também existem juízes administrativos, com competência restrita aos conflitos envolvendo a Administração, cujas decisões são, regra geral, irrecorríveis e fazem coisa julgada. Os juízes administrativos estão vinculados a um órgão específico que, mesmo não fazendo parte da estrutura do Judiciário, é cercado de garantias que asseguram sua independência e imparcialidade.[11]

Entretanto, como adverte Melo Filho,[12] não há uma necessária correlação entre o sistema de jurisdição (unidade ou dualidade) com a

---

[11] DI PIETRO, Maria Sylvia Zanella. *Direito administrativo*. São Paulo: Atlas, 2014. p. 698.

[12] Para o doutrinador, em sua dissertação de mestrado defendida no ano de 2016: "A chamada execução fiscal administrativa, mesmo nos países que adotam o contencioso administrativo, não se processa nos tribunais administrativos, mas sim, na própria Administração Tributária Ativa. Chamamos atenção, pois, para o fato de que não importa o sistema de jurisdição do país, uma ou administrativa: na execução fiscal administrativa, os atos administrativos de execução não dependem nem são realizados por um órgão independente (juízes do Poder Judiciário ou juízes administrativos), mas sim, pela própria Administração Fiscal. Esclarecemos isso para que não se reputem inadequadas eventuais comparações do nosso sistema com países que adotam o contencioso administrativo. De fato, se, nestes países, a execução tramitasse perante o juiz administrativo, apenas se poderia falar em execução fiscal administrativa em um sentido amplo, posto que os atos seriam realizados por órgão jurisdicional independente, mesmo situado na esfera administrativa; mas, reitere-se, não é isso o que ocorre: mesmo nos países que adotam o contencioso administrativo, a execução é promovida pelos órgãos da própria Administração Fazendária, não pelos tribunais administrativos. Os tribunais administrativos, nestes países, exercem uma função específica, cabendo-lhes a resolução da lide de pretensão discutida (decidindo controvérsias entre particulares e Administração acerca de questões específicas de fato ou de direito), cabendo à Administração a execução material dos seus atos administrativos.

forma da execução fiscal (judicial ou administrativa), porquanto, mesmo nos países que adotam o sistema da execução fiscal administrativa, os atos administrativos de execução não dependem nem são realizados por um órgão independente (juízes do Poder Judiciário ou juízes administrativos), mas sim, pela própria administração fiscal.

Segundo essa ótica, não importa o sistema de jurisdição do país, *una* ou *dual*, posto que, na execução fiscal administrativa, os atos administrativos de execução não dependem nem são realizados por um órgão independente (juízes do Poder Judiciário ou juízes administrativos), mas sim, pela própria Administração Fiscal.

Entretanto, ousamos afirmar que a opção de uma sociedade por determinada forma de jurisdição (una ou dual), reflete, ao menos cultural e ideologicamente, uma intenção do Estado de desjudicializar ou não determinadas funções por ele desempenhadas, a exemplo da execução de seus créditos tributários.

O sistema misto, sincrético ou semijudicial, por sua vez, constitui uma mescla de ambos os sistemas vistos anteriormente, havendo tanto atos praticados pela Administração Pública quanto atos dependentes de autorização judicial, sendo esse sistema encontrado no Chile, em Angola e na Argentina, dentre outros.

Importante deixar assente que o sistema de execução fiscal misto pode ser didaticamente subdividido em dois, de acordo com o predomínio da instância administrativa ou judicial. Assim, na Argentina, por exemplo, encontramos o sistema misto com predomínio da esfera judicial, ao passo que, no Chile e em Angola, o sistema misto opera com predomínio da instância administrativa, conforme veremos adiante.

Pontuados os três modelos existentes de execução fiscal, vemos que, na maior parte das nações desenvolvidas – a exemplo da Europa e dos Estados Unidos da América –, o processo de execução fiscal desenvolve-se total ou ao menos predominantemente no âmbito administrativo.

Nos países de jurisdição una que adotam a execução fiscal administrativa, ocorre uma divisão parecida, cabendo, entretanto, ao Judiciário o papel que, nos países que adotam o contencioso administrativo, cabe aos tribunais administrativos". (MELO FILHO, João Aurino de. *Racionalidade legislativa do sistema de resolução de conflitos tributários*: desjudicialização e democratização (execução fiscal administrativa, harmonização de instâncias, transação e arbitragem tributária) como fundamentos de um sistema racional (jurídico, lógico, eficiente e ético) de resolução de conflitos tributários. Dissertação (Mestrado) – Universidade Regional Integrada do Alto Uruguai e das Missões. Santo Ângelo, 2016. p. 289-290).

Na França, por exemplo, o processo de execução fiscal é inteiramente administrativo, conforme previsão no Livro dos Procedimentos Fiscais (*"Livre des Procédures Fiscales"*) daquele país.[13]

Segundo Collet,[14] em razão da adoção do sistema de dualidade de jurisdição pela França, as causas cíveis e comerciais entre particulares e as causas penais são julgadas por uma jurisdição judiciária, enquanto que as causas em que é parte a Administração Pública são julgadas por uma jurisdição administrativa, sendo essa última formada pelos próprios órgãos da Administração Pública, tendo em seu ápice o Conselho de Estado. Por consequência dessa estruturação, as causas fiscais francesas são analisadas somente pela jurisdição administrativa, sendo inapreciáveis pela jurisdição judiciária.

Sob a ótica do direito francês, na execução fiscal (*"contentieux du recouvrement force"*), o Estado é um credor especial, não necessitando recorrer ao Poder Judiciário para cobrar seus débitos, pois o ato administrativo de cobrança é autoexecutivo.

Isso porque o sistema arrecadatório de tributos francês é baseado essencialmente no adimplemento voluntário dos impostos, de modo que a desobediência a esse dever implica enorme repulsa social, mormente por conta da noção de Estado Social na França, em que o pagamento de tributos é associado à manutenção de benefícios sociais.

Desse modo, há, inicialmente, uma tentativa de cobrança amigável do tributo pelo fisco francês, que emite diversos avisos ao contribuinte (*avis de mise em recouvrement, avis d'imposition, lettre de rappel, mise em demeure e dernier avis avant persoites*).[15] Somente após a prévia tentativa de cobrança amigável são procedidos atos de constrição do patrimônio do contribuinte, realizados diretamente pelo agente fiscal responsável.

Nesse sentido, nos termos dos artigos 252 a 257 do Livro dos Procedimentos Fiscais, após a notificação do contribuinte, o Fisco francês automaticamente toma as medidas executivas propriamente ditas, seguindo, regra geral, o procedimento previsto no processo de execução do Código Civil francês, nos termos do art. 258-A do Livro dos Procedimentos Fiscais.

---

[13] RÉPUBLIQUE FRANÇAISE. Legislação francesa (Legifrance). *Livre des procédures fiscales*. Disponível em: https://www.legifrance.gouv.fr/affichCodeArticle.do?idArticle= LEGIARTI000025033183&cidTexte=LEGITEXT000006069583&categorieLien=id&dateTex te=20120601. Acesso em 01 jun. 2019.

[14] COLLET, Martin. *Droit fiscal*. 4. ed. Paris: Presses Universitaires de France, 2013. p. 161.

[15] Aviso de pagamento, aviso de tributação, carta de advertência, atualização e última notificação antes da perseguição (tradução livre do francês para o português).

A defesa administrativa é facultada ao contribuinte francês, devendo ser apresentada até 15 (quinze) dias a partir da notificação do ato de lançamento, com direito a recurso para os órgãos administrativos superiores, condicionado ao depósito recursal de 10% (dez por cento) do valor devido, nos termos da legislação daquele país.

Ressalte-se que, na Alemanha, segundo a doutrina de Lang e Tipke,[16] o processo de execução fiscal é denominado *"Vollstreckung"* e se dá no âmbito da administração tributária dos Estados ou da União, sendo estruturado pelo Código Fiscal (*"Abgabenordnung"*), que concede ao agente fiscal largo poder decisório sobre o objeto sobre o qual recairá a execução e sobre a extensão dos efeitos dos seus atos.

Dentre os poderes discricionários do fisco alemão, ou autoridade executora (*"Vollstreckungsaufschub"*), podem ser citados: a) a concessão de moratória para evitar excesso na execução dos bens do contribuinte; b) o deferimento de parcelamentos, desde que o pagamento integral se dê em período máximo de um ano; c) o arquivamento da execução, quando constatar que a cobrança não terá sucesso ou os custos de cobrança não forem abarcados pelo crédito, dentre outros.

Embora haja esse imenso poder conferido às autoridades fiscais alemãs (*"Vollziehungsbeamte"*), é possível o controle judicial de seus atos, tendo como parâmetro o princípio da proporcionalidade, que proíbe o excesso nos atos administrativos.

É curioso anotar que o processo de execução fiscal administrativa da Alemanha não é utilizado apenas para cobrança de valores em dinheiro, mas também para a imposição de prestações de fazer ou de não fazer, podendo a Administração Pública, inclusive, aplicar multas, determinar a execução subsidiária da prestação por terceiro ou coagir diretamente o devedor.[17]

A defesa do contribuinte alemão está baseada no sistema denominado de dupla correção, segundo o qual é possível a defesa tanto no âmbito administrativo quanto no âmbito judicial.

---

[16] LANG, Joachim; TIPKE, Klaus. *Direito tributário*. 18. ed. (Trad. Elisete Antoniuk). Porto Alegre: Sergio Antônio Fabris Editor, 2014. v. 3, p. 408, 415 e 456.

[17] No ponto, é importante consignar interessante caso ocorrido na Alemanha, no ano de 2019, no qual o Fisco penhorou cachorro pertencente à família alemã que atrasou o pagamento de impostos, colocando o cão à venda no sítio eletrônico do *EBay* (Fonte: JORNAL O GLOBO. *Família alemã atrasa pagamento de impostos e cadela é confiscada para quitar dívidas*. 2019. Disponível em: https://oglobo.globo.com/economia/familia-alema-atrasa-pagamento-de-impostos-cadela-confiscada-para-quitar-dividas-23490723. Acesso em 30 abr. 2019).

O processo administrativo fiscal alemão possui 3 (três) características que o distinguem do processo judicial: 1) decisão vinculada às normas administrativas; 2) ausência de limitação da decisão administrativa aos fatos alegados pelo devedor, havendo cognição ampla da autoridade fiscal; e 3) apresentação da defesa inicial do contribuinte/devedor como ato de mero impulso, sendo a decisão final do Fisco de interesse público, não se destinando exclusivamente à proteção jurídica individual do contribuinte, mas também ao autocontrole da Administração Pública e ao desencargo dos Tribunais fiscais.

Em Portugal, o modelo de execução fiscal atual, também predominantemente administrativo, foi resultado de diversas modificações legislativas ocorridas principalmente entre os anos de 2003 e 2014.

A primeira grande reforma ocorrida em Portugal, no que se refere à execução fiscal, ocorreu com o Decreto-Lei nº 38, de 8 de março de 2003,[18] que alterou o Código de Processo Civil português em diversos pontos, priorizando os princípios da eficiência e da celeridade processual, ao criar um registro informático das execuções, conferindo publicidade sobre os bens dos devedores que forem penhorados e uniformizando as bases de dados das autoridades fazendárias quanto às execuções em tramitação naquele país, facilitando, assim, a obtenção de informações e a atuação dos agentes fazendários nas atividades de busca e constrição do patrimônio dos contribuintes.

Silva, ao comentar a reforma de 2003 havida em Portugal, assim se manifestou:

> Uma das grandes dificuldades sentidas pelos diferentes operadores judiciários em matéria de execução respeitava à inexistência de uma espécie de cadastro, que permitisse conhecer, quer as execuções pendentes contra determinado sujeito, quer o modo como as já extintas haviam terminado. Estes dados seriam fundamentais, tanto para a gestão do risco da execução, como para a gestão do risco a ela anterior e relativo, nomeadamente, à concessão de crédito a certas pessoas.[19]

---

[18] PROCURADORIA GERAL DISTRITAL DE LISBOA – PGDL. Decreto-Lei nº 38, de 08 de março de 2003. No uso da autorização legislativa concedida pela Lei nº 23/2002, de 21 de Agosto, altera o Código de Processo Civil, o Código Civil, o Código do Registo Predial, o Código dos Processos Especiais de Recuperação da Empresa e de Falência, o Código de Proced. *Diário da República*, 08 mar. 2003. Disponível em: https://dre.pt/pesquisa/-/search/220944/details/maximized. Acesso em 22 jun. 2019.

[19] SILVA, Paula Costa. *A reforma da acção executiva*. 3. ed. Coimbra: Coimbra Editora, 2003. p. 17-19.

CAPÍTULO 1
O SISTEMA ARRECADATÓRIO DE TRIBUTOS NO BRASIL E A NECESSÁRIA QUEBRA DO PARADIGMA DA JUDICIALIZAÇÃO | 33

No ano de 2008, por seu turno, o Decreto-Lei nº 226, de 20 de novembro,[20] no que tange à execução fiscal, alterou o Código de Processo Civil, os Estatutos da Câmara dos Solicitadores e da Ordem dos Advogados e o registo informático das execuções, ampliando as hipóteses de práticas de atos processuais por meio eletrônico, reduzindo os poderes do magistrado no tocante às execuções fiscais – sendo que a atuação judicial passou a se dar somente em questões relevantes ou que exijam a declaração de direitos diante de um conflito concreto –, fortalecendo o poder dos agentes de execução administrativa, inclusive com a criação de uma Comissão para a Eficácia das Execuções e de uma lista pública de execuções fiscais de baixa recuperabilidade.

No ponto, consigne-se que a reforma de 2008 é considerada pela doutrina a que mais contribuiu para a desjudicialização das execuções fiscais em Portugal e influenciou diretamente a elaboração de um novo Código de Processo Civil em 2013.

A propósito, o atual Código de Processo Civil português de 2013 (Lei nº 41/2013, de 26 de junho),[21] promoveu uma separação maior entre as competências judiciais e administrativas quanto aos atos de execução.

Sob esse prisma, o artigo 723 do CPC/13 português reserva ao Poder Judiciário a apreciação de todos os atos relativos à preservação de direitos fundamentais dos contribuintes ou de terceiros. Já nos termos dos artigos 719 e 720 do mesmo diploma legal, os agentes de execução administrativa são competentes para a prática de todos os atos que não sejam privativos do magistrado, tais como citações, diligências, notificações, publicações, consultas de bases de dados, penhoras e seus registros, liquidações e pagamentos.

Ademais, o CPC/2013 de Portugal ainda estabelece que a execução fiscal pode se dar na forma sumária, sem participação do magistrado, sendo que o despacho executivo, juntamente com os documentos que o acompanham, será encaminhado imediatamente e por via eletrônica ao agente de execução, que fará buscas e outras diligências patrimoniais

---

[20] PROCURADORIA GERAL DISTRITAL DE LISBOA – PGDL. Decreto-Lei nº 226, de 20 de novembro de 2008. No uso da autorização legislativa concedida pela Lei nº 18/2008, de 21 de abril, altera, no que respeita à acção executiva, o Código de Processo Civil, os Estatutos da Câmara dos Solicitadores e da Ordem dos Advogados e o registo informático das execuções. *Diário da República*, 20 nov. 2008. Disponível em: https://dre.pt/pesquisa/-/search/439815/details/maximized?print_preview=print-preview. Acesso em 22 jun. 2019.

[21] PROCURADORIA GERAL DISTRITAL DE LISBOA – PGDL. Lei nº 41, de 26 de junho de 2013. Aprova o Código de Processo Civil. *Diário da República*, 26 jun. 2013. Disponível em: http://www.pgdlisboa.pt/leis/lei_mostra_articulado.php?nid=1959&tabela=leis. Acesso em 19 jun. 2019.

em desfavor do devedor, necessárias à efetivação da penhora, havendo, somente posteriormente, a citação do executado.

No ano seguinte, a Lei nº 32, de 30 de maio de 2014,[22] aprovou o procedimento extrajudicial pré-executivo português, permitindo ao fisco credor, previamente ao início da execução, se utilizar de um procedimento preparatório de investigação patrimonial, com o fim de obter informações sobre a eventual existência de bens penhoráveis registrados em nome do devedor.

Portanto, o processo de execução fiscal português, nos últimos anos, passou por profundas modificações legislativas, que tornaram os poderes de fiscalização administrativos mais amplos e a atividade judicial restrita a questões envolvendo direitos fundamentais.

Em adendo, Freitas sintetiza as variações de modelos de execução fiscal adotadas em outros países da Europa, como Bélgica, Holanda, Grécia, Escócia e Áustria:

> Em alguns sistemas jurídicos, o tribunal só tem de intervir em caso de litígio, exercendo então uma função de tutela. O exemplo extremo é dado pela Suécia, país em que é encarregue da execução o Serviço Público de Cobrança Forçada, que constitui um organismo administrativo e não judicial [...]. Noutros países da União Européia, há um agente de execução (huissier em França, na Bélgica, na Holanda e na Grécia; sheriff officer na Escócia) que, embora seja um funcionário de nomeação oficial e, como tal, tenha o dever de exercer o cargo quando solicitado, é contratado pelo exequente e, em certos casos (penhora de bens móveis ou de créditos), actua extrajudicialmente [...], podendo 'desencadear a hasta pública, quando o executado não vende, dentro de um mês, os móveis penhorados [...]'. A Alemanha e a Áustria também têm a figura do agente de execução (Gerichtsvollzieher); mas este é um funcionário judicial pago pelo erário público [...]; quando a execução é de sentença, o juiz só intervém em caso de litígio [...]; quando a execução se baseia em outro título, o juiz exerce também uma função de controlo prévio, emitindo a fórmula executiva, sem a qual não é desencadeado o processo executivo.[23]

---

[22] PROCURADORIA GERAL DISTRITAL DE LISBOA – PGDL. Lei nº 32, de 30 de maio de 2014. Aprova o procedimento extrajudicial pré-executivo. *Diário da República*, 30 mai. 2014. Disponível em: https://dre.pt/pesquisa/-/search/25345939/details/maximized. Acesso em 19 jun. 2019.

[23] FREITAS, José Lebre de. *A ação executiva depois da reforma*. 4. ed. Coimbra: Coimbra Editora, 2004. p. 27-28 *apud* JÚNIOR, Humberto Theodoro. *RDCPC*, n. 43, set./out. 2006 – doutrina. p. 34.

Do mesmo modo, a doutrina de Peixoto e Becker apresenta mais alguns exemplos de "desjudicialização" trazidos do direito europeu comparado:

> Como é sabido, há vários países europeus que vivem, há mais ou menos tempo, uma experiência de execução civil desjudicializada, de modo a escapar do modelo alemão/italiano, cuja tramitação em via judicial é a regra. Experiências na França, Espanha e Suécia apresentam o agente de execução como um ente privado, havendo outros ordenamentos que caminham no mesmo sentido, dentre os quais Portugal, Romênia, Letônia, Lituânia, República Checa e Eslováquia. Para se ter uma ideia, em Portugal, os agentes de execução, chamados de solicitadores, praticam várias diligências executivas, como citações, intimações, penhoras e hastas públicas, tendo sua remuneração estabelecida levando em conta a produtividade e a agilidade no trâmite das execuções, de modo a fazer que, quão mais célere o processo, maiores sejam os honorários.
>
> Em nosso país, já no final da década passada, começaram a se intensificar os debates acerca da possibilidade de, adotando algumas boas iniciativas praticadas em países europeus, desjudicializar a execução fiscal, como forma de gerar a desburocratização, aumentar a celeridade e a eficiência na recuperação de créditos.[24]

Nos Estados Unidos da América (EUA), segundo Godoy,[25] a execução fiscal também se dá totalmente pela via administrativa (*"tax collection procedure"*), no qual o fisco norte-americano (*"Internal Revenue Service"* – IRS, no âmbito federal) somente recorre à via judicial na hipótese de concurso de credores, por um procedimento semelhante à falência, denominado *"foreclosure action"*, proposto perante a justiça federal (*"District Courts"*).

Ainda sobre o sistema de execução fiscal norte-americano, o mesmo autor nos ensina que o rito procedimental pode ser dividido em quatro etapas, quais sejam: pré-penhora (*lien*), ou seja, uma intenção de penhora por parte do Fisco; penhora (*levy*) propriamente dita; arresto (*distraint*); e alienação (*sale by auction*) ou venda do bem.

---

[24] PEIXOTO, Marco Aurélio; BECKER, Rodrigo. Desjudicialização da execução fiscal – promessa ou realidade? *Revista Jurídica Jota*, 2018. Disponível em: https://www.jota.info/opiniao-e-analise/colunas/coluna-cpc-nos-tribunais/desjudicializacao-da-execucao-fiscal-promessa-ou-realidade-06122018#_ftn2. Acesso em 10 jun. 2019.

[25] GODOY, Arnaldo Sampaio de Moraes. *A execução fiscal administrativa no direito comparado*. Belo Horizonte: Fórum, 2009. p. 120.

Todos os atos processuais da execução fiscal administrativa norte-americana, da pré-penhora à alienação, são realizados pelo *Internal Revenue Service* (IRS), sendo que a necessidade de efetividade da cobrança executiva tributária é um tema consensual no meio político norte-americano, tanto entre os integrantes do Partido Democrata, quanto entre os componentes do Partido Republicano.

É certo, inclusive, que os Estados Unidos contam com uma verdadeira cultura de conformidade tributária voluntária (*voluntary compliance*), havendo um senso comum entre os norte-americanos de que o pagamento do tributo não é algo ruim, mas um dever inerente à cidadania, o que justifica ainda mais a amplitude de poderes conferida ao fisco na cobrança coativa dos tributos.

Em relação à América Latina, encontramos no México um modelo de execução fiscal totalmente administrativo, previsto nos artigos 145 e seguintes do Código Fiscal daquele país (*Código Fiscal de la Federación*).[26] Aliás, de acordo com o artigo 152 do Código fiscal mexicano, a execução fiscal é comandada por um servidor público, chamado de executor (*ejecutor*), designado pelo chefe do departamento de cobrança do domicílio do devedor.

Cumpre salientar, outrossim, que, em âmbito federal, o órgão responsável pela cobrança da dívida ativa do México é o Serviço de Administração Tributária (SAT) da Secretaria de Fazenda e Crédito Público (SFCP), sendo que a defesa do contribuinte pode se dar perante as próprias autoridades fiscais, mediante impugnação, e também por meio de ações dirigidas à justiça administrativa mexicana, ou seja, não há intervenção judicial em nenhum momento.[27]

Já o Chile, curiosamente, como leciona Godoy,[28] prevê um sistema de execução fiscal semijudicial, dúplice ou sincrético, com predominância da via administrativa, chamado de *"cobro ejecutivo de las obligaciones tributarias de dinero"* (cobrança executiva das obri-

---

[26] Código Fiscal do México. (JUSTIA MÉXICO. *Código Fiscal de la Federación*. Disponível em: https://mexico.justia.com/federales/codigos/codigo-fiscal-de-la-federacion/. Acesso em 18 jun. 2019).

[27] GODOY, Arnaldo Sampaio de Moraes. *Penhora do fisco mexicano evita busca de bens em vão.* Disponível em: https://www.conjur.com.br/2010-mai-11/execucao-fisco-mexicano-evita-corrida-credito-podre. Acesso em 19 jun. 2019.

[28] A propósito: GODOY, Arnaldo Sampaio de Moraes. Fisco chileno pode penhorar até salário de devedor. *Revista consultor jurídico*, mai. 2010. Disponível em: https://www.conjur.com.br/2010-mai-04/execucao-fiscal-chile-permite-penhora-salario-devedor. Acesso em 02 mai. 2019.

gações tributárias de valor), caracterizado por duas fases distintas e independentes.

A primeira fase da execução fiscal chilena, de responsabilidade dos Serviços de Tesouraria (*"Servicios de Tesorerías"*), possui viés inteiramente administrativo, podendo nela ocorrer a cobrança forçada do débito, mediante penhora, leilão de bens e sua posterior conversão em renda.

A segunda fase, judicial e comandada por advogados públicos provinciais (*"abogados provinciales"*), somente ocorre se a oposição administrativa do devedor for rejeitada pela autoridade fiscal ou se for necessária alguma providência excepcional ou procedimento especial no curso do procedimento administrativo, como o pedido de prisão do devedor-contribuinte que sonegue impostos, por exemplo.

Tal como ocorre no Brasil, o Fisco chileno possui pleno acesso às informações fiscais dos contribuintes, mediante requerimento dos serviços de tesouraria e autorização do *"Tesorero General"* (ou Tesouro Geral, correspondente ao Tesouro Nacional no Brasil), porém, na posse dessas informações, os poderes conferidos às autoridades fiscais do Chile são bem maiores do que aqueles previstos na legislação brasileira, como leciona novamente Godoi, que faz referência, inclusive, à possibilidade de notificação pessoal do Fisco chileno diretamente ao devedor, independentemente de Oficial de Justiça, e de convocação da força pública (autoridade policial) pela própria autoridade administrativa:

> As prerrogativas de investigação dos agentes fiscais locais são amplas. Faculta-se a notificação de devedores e mesmo de contribuintes com obrigações em atraso, independentemente do desdobramento da execução fiscal, administrativa ou judicial. É o agente fiscal quem notifica pessoalmente o devedor. Não há necessidade de notificação mediante oficial de Justiça.
>
> À Administração dá-se o poder de exigir dos devedores documento no qual esses últimos especifiquem todos os bens que possuam. A negativa na entrega desta declaração autoriza ao advogado provincial a requerer judicialmente medidas coercitivas, apremios corporales contra el rebelde, o que sugere ideia de pedido de prisão.
>
> Apela-se para a autoridade policial, para a força pública, circunstância que a legislação de regência autoriza; basta, então, requerimento do agente arrecadador, instruído por determinação do Tesorero Comunal, isto é, da autoridade local. Ordem judicial também tem os mesmos

efeitos. No modelo de execução fiscal chileno há efeitos iguais, quanto ao uso de força policial, no que toca a requerimento administrativo ou a ordem judicial.[29]

Por um lado, encontramos diversos institutos que aproximam os sistemas de execução fiscal chileno e brasileiro, tais como a necessidade de cobrança fundada em título executivo extrajudicial, a possibilidade de dispensa de execução de dívidas de pequeno valor ou decorrentes de fatos que justifiquem a imprestabilidade de eventual cobrança, por decisão fundamentada, e a admissibilidade do saneamento, de ofício ou mediante provocação do interessado, de eventuais vícios no título pela autoridade administrativa, dentre outros.

Contudo, o modelo de cobrança utilizado pelo Chile é mais evoluído do que o brasileiro no tocante à "desjudicialização", uma vez que a autoridade fiscal local chilena ("*Tesorero Comunal*") pode ordenar, por simples despacho administrativo, a execução e a penhora de bens do devedor, ordem essa que pode, inclusive, ser dirigida simultaneamente a todos os devedores constantes em listas coletivas, que consubstancia o documento de cobrança, conforme diretrizes fornecidas pelo Tesoureiro Geral da República ("*Tesorero General de la República*").

A penhora ordenada pelo Fisco chileno pode atingir, inclusive, parte do salário do executado (até cinco unidades tributárias de medida), se perfazendo mediante comunicação do fisco ao empregador do devedor executado.

Nessa fase administrativa, que vai da citação para pagamento até a ordem de penhora de bens, não há possibilidade de insurgência pelo devedor mediante recurso administrativo, o que também revela um maior poder conferido às autoridades administrativas chilenas em comparação com o direito brasileiro.

Posteriormente à penhora, o executado pode contestar administrativamente a execução junto ao órgão local competente, no prazo de 10 (dez) dias, contados da determinação para pagamento.

Tal contestação administrativa utilizada no Chile é chamada de oposição, que muito lembra os embargos à execução fiscal do Brasil, uma vez que, em sede de oposição administrativa, o contribuinte chileno pode suscitar toda a matéria de defesa prevista no Código de

---

[29] GODOY, Arnaldo Sampaio de Moraes. Fisco chileno pode penhorar até salário de devedor. *Revista consultor jurídico*, mai. 2010. Disponível em: https://www.conjur.com.br/2010-mai-04/execucao-fiscal-chile-permite-penhora-salario-devedor. Acesso em 02 mai. 2019.

CAPÍTULO 1
O SISTEMA ARRECADATÓRIO DE TRIBUTOS NO BRASIL E A NECESSÁRIA QUEBRA DO PARADIGMA DA JUDICIALIZAÇÃO | 39

Processo Civil daquele país, tais como incompetência da Administração, litispendência, inépcia do pedido, imprestabilidade da fiança, falsidade ou inadequação do título executivo, pagamento ou remissão da dívida, compensação, nulidade da obrigação, deferimento prévio de dilação de prazo, novação, transação, prescrição, coisa julgada, dentre outros.

Apresentada a oposição administrativa, a autoridade fazendária chilena (*"Tesorero Comunal"*), ao se manifestar, poderá acolher o pedido, caso em que o processo será extinto, ou rejeitar o pedido (ou ainda silenciar sobre o mesmo), caso em que o processo será remetido para o advogado público (*advogado provincial*) e a fase administrativa se dará por encerrada, iniciando-se, só assim, a execução fiscal na forma judicializada, com aplicação, na espécie, do Código de Processo Civil do Chile.

Os nossos vizinhos argentinos, segundo estudo conduzido por Melo Filho,[30] se utilizam do sistema de execução fiscal misto ou dúplice, mas com predominância da via judicial, regulado pelo Decreto nº 821, de 13 de julho de 1998, que aprovou o conteúdo da Lei federal argentina nº 11.683, de 1978 (Lei de Procedimento Tributário),[31] sendo um modelo fracionado em instâncias administrativas e judiciais.

A propósito, nas instâncias administrativas da Argentina, há a atuação de agentes fiscais vinculados a um Tribunal Fiscal, pertencente ao Poder Executivo argentino, detentor de jurisdição.

A Administração Fiscal argentina, no que tange à cobrança dos débitos fiscais, até o ano de 2010, possuía um amplo espectro de poderes, que iam desde a citação do devedor até a penhora de seus bens, incluindo medidas cautelares e decisões de cunho definitivo, conforme antiga redação do artigo 92 da Lei de Procedimento Tributário argentino.

Entretanto, em decisão proferida em 15 de junho de 2010, por apertada maioria, a Corte Suprema de Justiça da Argentina julgou inconstitucional tal dispositivo e, por consequência, vedou o poder conferido à Administração Ativa para decretar unilateralmente medidas de constrição patrimonial, por violação aos artigos 17 e 109 da Constituição

---

[30] MELO FILHO, João Aurino de. *Sistemas de cobrança executiva da obrigação tributária no Direito comparado*: execução fiscal administrativa como modelo moderno de cobrança da Administração Tributária de massas. 2017. p. 40. Disponível em: http://www.sinprofaz. org.br/pdfs/3-colocado.pdf. Acesso em 18 jun. 2019.

[31] INFOLEG. *Procedimiento fiscales*. Decreto nº 821, de 1998. Disponível em: http://servicios. infoleg.gob.ar/infolegInternet/anexos/15000-19999/18771/texact.htm. Acesso em 18 jun. 2019.

argentina,[32] que, respectivamente, condicionam a perda da propriedade à sentença fundada em lei e vedam ao Poder Executivo o exercício de funções judiciais.

Conforme leciona o doutrinador em questão, houve a alteração do artigo 92 da Lei de Procedimento Tributário da Argentina e, atualmente, a execução fiscal desse país, embora ainda ocorra em regra junto à Administração, depende de prévio requerimento e deferimento judicial no tocante às medidas de privação de patrimônio do devedor.

Já o Uruguai,[33] a exemplo do Brasil, adotou o sistema de execução fiscal judicial, outorgando à Administração Tributária ação executiva para cobrança dos créditos tributários, conforme determinação do artigo 91 do Código Tributário daquele país (Decreto Lei nº 14.306, de 29 de novembro de 1974).

Por fim, e migrando para o continente africano, temos o exemplo de Angola,[34] que, assim como o Brasil, também foi colonizada por Portugal, mas se utiliza de um sistema sincrético (ou misto) parecido com o chileno, quase inteiramente de execução administrativa, exceto para alguns atos processuais específicos que o sistema jurídico exige que sejam praticados pelo Estado-juiz, conforme o Regime Simplificado das Execuções Fiscais, instituído pelo Decreto Legislativo Presidencial nº 2/11, de 09/06/2011.[35]

---

[32] "Art. 17. A propriedade é inviolável e nenhum habitante da Nação pode ser privado dela, exceto em virtude de uma sentença baseada na lei. A desapropriação por razões de utilidade pública deve ser qualificada por lei e previamente indenizada. Somente o Congresso impõe as contribuições expressas no artigo 4. Nenhum serviço pessoal é necessário, exceto em virtude de lei ou sentença baseada em lei. Todo autor ou inventor é o proprietário exclusivo de seu trabalho, invenção ou descoberta, pelo prazo acordado por lei. O confisco de propriedade é para sempre apagado do Código Penal argentino. Nenhum corpo armado pode fazer requisições, nem exigir ajuda de qualquer tipo".
[...]
"Art. 109 – Em nenhum caso o Presidente da Nação poderá exercer funções judiciais, arrogar conhecimento de casos pendentes ou restabelecer aqueles terminados". (Tradução livre do Espanhol).

[33] MELO FILHO, João Aurino de. *Sistemas de cobrança executiva da obrigação tributária no Direito comparado*: execução fiscal administrativa como modelo moderno de cobrança da Administração Tributária de massas. 2017. p. 35. Disponível em: http://www.sinprofaz. org.br/pdfs/3-colocado.pdf. Acesso em 18 jun. 2019.

[34] MELO FILHO, João Aurino de. *Sistemas de cobrança executiva da obrigação tributária no Direito comparado*: execução fiscal administrativa como modelo moderno de cobrança da Administração Tributária de massas. 2017. p. 39. Disponível em: http://www.sinprofaz. org.br/pdfs/3-colocado.pdf. Acesso em 18 jun. 2019.

[35] Conforme noticiado em jornal de circulação em Angola. (JORNAL DE ANGOLA. *Execução fiscal permite penhoras*. Disponível em: http://jornaldeangola.sapo.ao/economia/ execucao_fiscal_permite_penhoras. Acesso em 18 jun. 2019).

Em conclusão, o que se verifica no mundo globalizado e na grande maioria dos países – desenvolvidos ou em desenvolvimento – é uma forte corrente no sentido de afastar do Poder Judiciário – total ou parcialmente – a cobrança dos créditos fazendários.

1.3 A situação atual da dívida ativa tributária no Brasil

Segundo dados oficiais fornecidos pela Procuradoria Geral da Fazenda Nacional,[36] quando da apresentação do Projeto de Lei nº 1.646/2019 – que objetiva, dentre outras medidas, combater o devedor contumaz e o fortalecimento da cobrança da dívida ativa –, o estoque total da dívida ativa da União no início do ano de 2019 estava em R$2,1 trilhões, sendo R$1,6 trilhão de origem não previdenciária e R$491,2 bilhões de origem previdenciária.

Frise-se, outrossim, que todos os Estados da Federação possuem altos estoques de dívida ativa, cuja cobrança, ainda em sua maioria ajuizada, encontra grandes dificuldades.

No Estado de São Paulo, maior do ente federado do Brasil em arrecadação, estão inscritos na dívida ativa R$350 (trezentos e cinquenta) bilhões de reais (dados de dezembro de 2018),[37] sendo que o orçamento estadual de 2018 foi de R$216 (duzentos e dezesseis) bilhões de reais. É certo, ainda, que boa parte dessa dívida corresponde a créditos *"podres"*, cujo recebimento é improvável, em razão da situação de falência ou de inatividade presumida das empresas devedoras.

Segundo Nalini,[38] no ano de 2015, o Poder Judiciário paulista tinha 11,650 milhões de execuções fiscais em curso, sendo 409 mil federais, 1,129 milhões do Estado de São Paulo e 10,111 milhões dos Municípios paulistas. A despesa com execuções fiscais naquele ano chegou a R$4,765 bilhões e a taxa de congestionamento das execuções no Tribunal de Justiça do Estado de São Paulo era de 90%. Frise-se que tal situação não se alterou substancialmente até a presente data.

---

[36] PROCURADORIA GERAL DA FAZENDA NACIONAL (PGFN). *Projeto de Lei nº 1.646/ 2019*. Disponível em: http://www.pgfn.fazenda.gov.br/arquivos-destaques/previdencia_pgfn.pdf. Acesso em 25 abr. 2019.

[37] PÁDUA, Luciano. O "big data" da PGE-SP para combater sonegadores profissionais: Procuradoria investe em "data science" e análise de redes para combater sonegação fiscal e qualificar devedores. *Revista Jurídica Jota*, São Paulo, 2019. Disponível em: https://www.jota.info/coberturas-especiais/inova-e-acao/pge-big-data-sonegadores-profissionais-22012019. Acesso em 26 abr. 2019.

[38] NALINI, José Renato. *Audiência na comissão especial da Câmara dos Deputados para apreciação do PL nº 2412/2007, ocorrida em 10 jun. 2015*. Disponível em: https://www.apesp.org.br/wp-content/uploads/2015/07/balanco_gestao2015.html. Acesso em 19 jun. 2019.

Já no Estado do Rio de Janeiro, um levantamento mostrou que o valor total dos débitos inscritos em Dívida Ativa relativamente ao ano de 2017 ultrapassava R$77 (setenta e sete) bilhões de reais, sendo a maior parte referente ao Imposto sobre Circulação de Mercadorias e Serviços (ICMS), seguido das multas ambientais aplicadas pelo Conselho Estadual de Controle Ambiental (CECA), do Imposto sobre a Propriedade de Veículos Automotores (IPVA), das taxas de incêndio e, por fim, os impostos sobre Transmissão (ITD).[39]

No Estado do Rio Grande do Sul, segundo números publicados em um estudo oficial elaborado em abril de 2016,[40] o estoque de dívida ativa relacionado aos créditos tributários foi de R$31,9 bilhões, valor equivalente a, por exemplo, cerca de 50% do total da dívida do Estado e 60% do montante devido pelo Rio Grande do Sul para a União (Lei nº 9.496/97).

Vale ressaltar, contudo, que, apesar do valor expressivo, a parcela passível de recuperação é relativamente menor. De acordo com alguns critérios considerados pela PGE – como o tempo de inscrição na dívida ativa, a falência da empresa, a ausência de bens ou devedor não localizado, entre outros –, apenas 27,6% da dívida registrada têm maior potencial de êxito na cobrança. Essa é, portanto, a parcela da dívida ativa "viável".

Referido estudo sobre a dívida ativa gaúcha, mediante uma análise mais acurada, ainda revelou que a maior parcela (96,9%) se refere ao ICMS. O restante é dividido entre o Imposto Sobre a Propriedade de Veículos Automotores (IPVA) (0,2%), o Imposto Sobre Transmissão Causa Mortis e Doação de Quaisquer Bens ou Direitos (ITCD) (0,1%) e outras taxas e tributos (2,7%). Entre os créditos de ICMS, aqueles relativos ao setor da indústria de transformação são os mais representativos. Até abril de 2016, o setor respondeu por 41,7% do total de créditos a receber pelo Estado, participação que supera a soma do montante a recuperar junto aos comércios varejista (18,8%) e atacadista (18,2%).

---

[39] PROCURADORIA GERAL DO ESTADO DO RIO DE JANEIRO – PGE-RJ. *Dívida ativa do Estado chega a R$77 bilhões.* 2017. Disponível em: https://www.pge.rj.gov.br/imprensa/noticias/2017/06/divida-ativa-do-estado-chega-a-r-77-bilhoes. Acesso em 20 abr. 2019.

[40] GOVERNO DO ESTADO DO RIO GRANDE DO SUL. Carta de Conjuntura Fee. *Dívida ativa do Rio Grande do Sul.* ano 25, n. 7, 2016. Disponível em: http://carta.fee.tche.br/article/divida-ativa-do-rio-grande-do-sul/. Acesso em 08 jun. 2019.

Mesmo em Estados menores em termos de arrecadação, a exemplo da Paraíba,[41] o montante inscrito em dívida ativa também é bastante considerável, comprometendo a arrecadação e a capacidade dos entes federativos em promover os investimentos e a implementação das políticas públicas.

A par desses dados estarrecedores do imenso estoque total da dívida ativa federal e estadual, torna-se imperiosa a adoção dos métodos não judiciais de solução de controvérsias, mais racionais e efetivos, com vistas à otimização na arrecadação de tributos.

1.4 Paradigma da execução fiscal judicial no direito brasileiro e a falta de eficiência desse sistema

No Brasil, a execução e a cobrança da dívida tributária, ao contrário da maior parte das nações, ainda mantém como seu principal paradigma a necessidade de ajuizamento.

Inicialmente, o processo de execução fiscal brasileiro era regido pelo Código de Processo Civil de 1973, até que, no início da década de 1980, com a vigência da Lei de Execuções Fiscais (Lei nº 6.830, de 22 de setembro de 1980), verificou-se uma evolução no sentido de tornar o processo de execução mais adequado aos interesses do Estado, uma vez que o legislador da época se sensibilizou com a concepção de que o crédito público se diferencia do privado, necessitando de maiores garantias.

Entretanto, com o passar dos anos, embora sejam notórios os avanços tecnológicos na área da informática – que contribuíram, por exemplo, para a implementação dos processos judiciais eletrônicos e da inteligência artificial[42] –, o que se observa é a profunda ineficiência desse sistema arrecadatório.

---

[41] Conforme notícia publicada em jornal de circulação no Estado de Paraíba, a dívida ativa naquele Estado para o início de 2019 correspondia a R$5 (cinco) bilhões de reais. (PORTAL CORREIO. *Governo vai caçar devedores para receber R$5 bilhões e aumentar arrecadação.* Jan. 2019. Disponível em: https://correiodaparaiba.com.br/politica/governo-vai-cacar-devedores-para-receber-r-5-bilhoes-e-aumentar-arrecadacao/. Acesso em 29 abr. 2019).

[42] Sobre esse assunto, merecem referências as importantes iniciativas tomadas pelos Tribunais de Justiça do Rio Grande do Norte, Minas Gerais, Rondônia e Pernambuco, que desenvolveram, respectivamente, os robôs denominados "Poti", "Radar", "Sinapse" e "Elis", sistemas de inteligência artificial que auxiliam os magistrados nos julgamentos das execuções fiscais, atualizando automaticamente os valores das ações, efetuando buscas de valores nas contas bancárias dos contribuintes em segundos (em substituição ao sistema BACENJUD) e transferindo o montante bloqueado automaticamente para as contas oficiais indicadas no processo. Atualmente, há pelo menos 13 Tribunais no país,

Nesse sentido, recentes dados oficiais colhidos pelo Conselho Nacional de Justiça (CNJ), extraídos do Relatório Justiça em Números do ano de 2019,[43] apontam para o número alarmante de mais de 78 (setenta e oito) milhões de processos judiciais em tramitação no Brasil no final do ano de 2018.

Considerando que, segundo dados do IBGE de 2019,[44] a população brasileira era de aproximadamente 210 (duzentos e dez) milhões de habitantes, chegamos ao número de aproximadamente 2,5 (dois e meio) habitantes por processo judicial no Brasil.

De acordo com o mesmo relatório do CNJ, caso a partir de hoje não fossem mais ajuizadas ações no Poder Judiciário, seriam necessários cerca de dois anos e meio para zerar o acervo processual, isso porque, com 18.168 magistrados em atuação, a magistratura brasileira julga em torno de 30 (trinta) milhões de ações ao ano.

Ainda segundo tal levantamento, o principal fator de morosidade da Justiça são as execuções fiscais, que, ao final de 2018, representavam 39% do total de casos pendentes, com congestionamento de 91,7%. Ou seja, de cada 100 (cem) processos de execução fiscal que tramitaram em 2018, apenas 8 (oito) foram definitivamente julgados.

Acerca da baixa recuperação do crédito tributário nas execuções fiscais, o mesmo relatório assinalou:

> Historicamente, as execuções fiscais têm sido apontadas como o principal fator de morosidade do Poder Judiciário. O executivo fiscal chega a juízo depois que as tentativas de recuperação do crédito tributário se frustraram na via administrativa, provocando sua inscrição na dívida ativa. Dessa forma, o processo judicial acaba por repetir etapas e providências de localização do devedor ou patrimônio capaz de satisfazer o crédito tributário já adotadas, sem sucesso, pela administração fazendária ou pelo conselho de fiscalização profissional. Acabam chegando ao Judiciário títulos de dívidas antigas e, por consequência, com menor probabilidade de recuperação.

---

dentre eles o Supremo Tribunal Federal, que já utilizam algum tipo de robô para trabalhos repetitivos ou inteligência artificial para tarefas como sugestão de sentenças e indicação de jurisprudência (JORNAL VALOR ECONÔMICO. *Tribunais investem em robôs para reduzir volume de ações*. Disponível em: https://www.valor.com.br/legislacao/6164599/tribunais-investem-em-robos-para-reduzir-volume-de-acoes. Acesso em 30 abr. 2019).

[43] CONSELHO NACIONAL DE JUSTIÇA. *Relatório Justiça em números*. 2019. Disponível em: https://www.cnj.jus.br/pesquisas-judiciarias/justica-em-numeros/. Acesso em 15 nov. 2019.

[44] INSTITUTO BRASILEIRO DE GEOGRAFIA E ESTATÍSTICA (IBGE). *Projeção da população do Brasil e das unidades federadas*. Disponível em: https://www.ibge.gov.br/apps/populacao/projecao//index.html. Acesso em 15 nov. 2019.

CAPÍTULO 1

A propósito, em um estudo efetuado pela Consultoria Legislativa do Senado Federal, em julho de 2016,[45] constatou-se que o índice de recuperação dos créditos tributários no Brasil, que se utiliza do modelo de execução fiscal judicial, é baixíssimo, chegando a surpreendentes índices de 0,2% (zero vírgula dois por cento) no caso do Estado de São Paulo, conforme números do ano de 2014. Já a utilização de métodos alternativos de cobrança, como o protesto da certidão da dívida ativa, mostrou números um pouco melhores, chegando a 16% de recuperação.

A doutrina de Elias e Ruiz, ao comentar o referido relatório do CNJ, conclui que a judicialização da dívida tributária possui efeitos avassaladores para a eficiência e a economicidade da Justiça brasileira, promovendo verdadeiro "carnaval tributário":

> O impacto dos conflitos tributários, somente no que se refere à execução fiscal, é avassalador para a eficiência e economicidade da justiça brasileira.
>
> Esse "carnaval tributário", tão alardeado pela doutrina desde Alfredo Augusto Becker, em 1963, está se acelerando, uma vez que há "crescimento gradativo na quantidade de casos pendentes, ano a ano, desde 2009. Os casos novos, após decréscimo em 2015, subiram, em 2016 e 2017, em 12,9% e 7,4%, respectivamente.
>
> O tempo de giro do acervo desses processos é de 11 anos [...]", de modo que, se não for ajuizada a partir de agora nenhuma execução fiscal no País, o Poder Judiciário levaria 11 anos para julgar todas as execuções fiscais pendentes.
>
> A conclusão do referido relatório é ainda mais estarrecedora, na medida em que afirma que, desconsiderando os processos de execução fiscal, "a taxa de congestionamento do Poder Judiciário cairia 9 pontos percentuais, passando de 72% para 63% em 2017".
>
> O relatório ainda revela o impacto positivo para a justiça da adoção da conciliação e outros meios alternativos na solução dos mais diversos conflitos, exceto os tributários.
>
> Em suma, temos que a jurimetria, ou seja, a análise estatística da tramitação de ações de execução fiscal no Poder Judiciário brasileiro revela a premência da adoção de meios alternativos à jurisdição para resolução de conflitos fiscais.

---

[45] QUEIROZ E SILVA, Jules Michelet Pereira. *Execução Fiscal*: eficiência e experiência comparada. Consultoria Legislativa do Senado Federal do Brasil. Estudo técnico julho/2016. Disponível em: https://www2.camara.leg.br/atividade-legislativa/estudos-e-notas-tecnicas/publicacoes-da-consultoria-legislativa/areas-da-conle/tema20/2016_12023_execucao-fiscal-eficiencia-e-experiencia-comparada_jules-michelet. Acesso em 19 jun. 2019.

A desjudicialização desse tipo de lide não favorece apenas a eficiência e economicidade da cobrança de tributos ou a adoção de boas soluções autocompositivas que pacificam o conflito.

A desjudicialização dos conflitos tributários vai além, e pode auxiliar o bom funcionamento de todo o Poder Judiciário brasileiro, de maneira que a implementação desses meios alternativos à jurisdição na execução fiscal é salvaguarda de bom atendimento jurisdicional para todos os contribuintes, administração tributária e operadores do Direito.[46]

A tempo, no tocante ao tempo e aos custos para a manutenção dos processos judiciais, conforme pesquisa relativa ao ano de 2011, publicada pelo Instituto de Pesquisa Econômica Aplicada – IPEA,[47] o tempo médio para a cobrança judicial de créditos tributários da União (execução fiscal) era de 3.571 dias (9 anos, 9 meses e 16 dias), com um custo médio provável de R$5.606,67 por processo (valor atualizado para R$7.633,21 em 2016).

Considerando que a recuperação dos créditos fazendários, na maioria das vezes, por processo judicial, não chega ao valor anteriormente apontado, fica evidente a constatação da ineficiência desse sistema.

Ainda de acordo com pesquisas do IPEA, citadas no já referido estudo realizado pela Consultoria Legislativa do Senado Federal,[48] no âmbito das execuções fiscais movidas pela PGFN – Procuradoria Geral da Fazenda Nacional, considerando que o processo administrativo fiscal tem duração média de 8 (oito) anos, pode-se considerar que, entre o lançamento e a satisfação da execução, pode haver mais de 17 (dezessete) anos de intervalo.

Observou-se também no mencionado estudo que apenas 15% das execuções fiscais chegam a penhorar dinheiro ou bens. Esse reduzido montante se deve tanto a dificuldades em localizar e citar o devedor

---

[46] ELIAS, Cristiano; RUIZ, Priscila Pâmela. Desjudicialização da cobrança de tributos: a aplicação dos meios alternativos de resolução de conflitos no âmbito do processo tributário. *Revista da AJURIS – Porto Alegre*, v. 45, n. 145, p. 55-60, dez. 2018. p. 55-56.

[47] CUNHA, Alexandre dos Santos; KLIN, Isabela do Valle; PESSOA, Olívia Alves Gomes. *Custo e tempo do processo de execução fiscal promovido pela Procuradoria-Geral da Fazenda Nacional*. Disponível em: http://repositorio.ipea.gov.br/bitstream/11058/5279/1/Comunicados_n83_Custo_unit%C3%A1rio.pdf. Acesso em 10 jun. 2019.

[48] QUEIROZ E SILVA, Jules Michelet Pereira. *Execução Fiscal*: eficiência e experiência comparada. Consultoria Legislativa do Senado Federal do Brasil. Estudo técnico julho/2016. Disponível em: https://www2.camara.leg.br/atividade-legislativa/estudos-e-notas-tecnicas/publicacoes-da-consultoria-legislativa/areas-da-conle/tema20/2016_12023_execucao-fiscal-eficiencia-e-experiencia-comparada_jules-michelet. Acesso em 19 jun. 2019.

quanto na localização de bens penhoráveis, bem como que apenas 2,6% das execuções fiscais chega a proceder leilões de bens penhorados e meramente 0,2% chegam a um leilão exitoso.

A defesa do contribuinte na execução fiscal, por sua vez, também foi vista no estudo do IPEA/Senado como incipiente, porquanto apenas 4,4% das execuções fiscais apresentam exceções de pré-executividade (defesa preliminar), sendo que apenas 7,4% dessas defesas são acolhidas e 6,4% dos executados apresentam embargos, 20,2% deles julgados procedentes.

O total de defesas procedentes na execução fiscal, abrangendo exceções de pré-executividade e embargos, limita-se a 1,6% do estoque de execuções ajuizadas.

Ainda segundo o estudo da Consultoria Legislativa do Senado, as principais causas de extinção das execuções fiscais são: 1) prescrição e decadência, 36,8%; 2) pagamento do débito, 25,8%; 3) cancelamento da inscrição ou do débito, 18,8%; e 4) remissão do débito, 13%.

Referido estudo chegou às seguintes conclusões sobre os dados de execuções fiscais ajuizadas no Brasil, apontando para a baixa eficiência na recuperação dos créditos, para o alto congestionamento do Poder Judiciário e para o desestímulo para as empresas cumprirem suas obrigações tributárias e praticarem o *compliance* fiscal, havendo um verdadeiro jogo de perde-perde para todos os envolvidos:

> Dos dados acima expostos, podem ser retiradas as seguintes conclusões sobre o modelo brasileiro de execução fiscal:
>
> I. É de baixa eficiência na recuperação de créditos;
>
> II. Congestiona o Poder Judiciário com demandas de interesse do próprio Estado, impedindo-o de se debruçar sobre controvérsias de particulares;
>
> III. Desestimula a conformidade voluntária (compliance) fiscal das empresas.
>
> Poder-se-ia questionar a valoração da conclusão (I) dizendo-se que os créditos inscritos em dívida ativa são naturalmente de difícil recuperação, pois não foram pagos espontaneamente e são devidos por pessoas jurídicas sem patrimônio ou atividade.
>
> Contudo, as estatísticas desmentem essa colocação. Como se viu, a adoção de métodos extrajudiciais de cobrança como o protesto das CDA logrou êxito de elevar de forma surpreendente o índice de recuperação de créditos. Ademais, nota-se também das estatísticas apresentadas que há potencialmente R$283 bilhões em créditos detidos por pessoas jurídicas cuja cobrança tem chance efetiva de êxito.

Ainda que seja grande o número de pessoas jurídicas falidas ou sem movimentação patrimonial, cabe salientar que a distância temporal entre o lançamento do crédito tributário e sua cobrança contribuiu para o esvaziamento patrimonial do devedor.

Ora, já se viu que é de cerca de nove anos o trâmite da execução fiscal, somados a cerca de outros oito anos do processo administrativo fiscal, o que chega a um prazo médio de cerca de 16 ou 17 anos passados entre o lançamento tributário e o desfecho da execução. Não é de admirar, portanto, que um terço das execuções fiscais seja extinta em razão da prescrição ou decadência do crédito tributário. A distância temporal entre lançamento e execução favorece o desfazimento do patrimônio do devedor, reduzindo substancialmente as chances de sucesso da execução.

A ineficiência da execução fiscal é mesmo um fator de desestímulo ao cumprimento voluntário de obrigações tributárias pelos contribuintes, pois, cientes da distância das consequências de seus atos, podem achar proveitosa a sonegação fiscal.

O Poder Judiciário, por sua vez, se vê atolado por diversos processos que não envolvem pacificação de conflitos sociais, mas sim, a satisfação de interesses financeiros do próprio Estado. Esses processos se acumulam ano a ano, como se viu da taxa de congestionamento, de modo que o problema atual tem exponencial chance de piora.

O modelo brasileiro de execução fiscal, portanto, se mostra claramente um jogo de perde-perde para todos os envolvidos.

Em remate, dentre as outras dificuldades encontradas pela Administração Pública na cobrança dos seus créditos na via judicial, amparamo-nos novamente na doutrina de Peixoto e Becker, que cita os seguintes fatores:

> [...] cadastros de contribuintes desatualizados ou com informações incompletas; poucos servidores nos quadros para atuação nas fases anteriores ao ajuizamento das demandas; uma natural dificuldade na capacitação dos servidores que atuam na matéria; restrições orçamentárias; e sistemas lentos, ruins e atrasados. Diante disso, há uma demora que extrapola o razoável para a adoção das providências administrativas, que podem levar ao ajuizamento das execuções fiscais, o que não raras vezes gera a prescrição.

> Chega-se ao cúmulo de haver, em determinadas empresas, a opção pela sonegação, pela fraude ou pelo débito, diante da ineficiência estatal em recuperar o que lhe é de direito, razão pela qual se faz um "cálculo de risco", optando-se pela conduta reprovável e negativa de dever, sob a perspectiva de nunca ser cobrada a dívida ou de já estar prescrita.

As críticas se ampliam à morosidade da execução como um todo. É inquestionável que isso acaba prejudicando a própria economia do país, e dificultando a circulação de riquezas e afastando investimentos, já que as partes acabam tendo que se submeter a procedimentos burocráticos que levam anos para alcançar um fim no Judiciário.[49]

Por todos esses motivos, embora alguns autores ainda entendam ser necessária a judicialização da cobrança tributária,[50] são muitas as vozes na doutrina e na própria jurisprudência no sentido de que a cobrança judicial do crédito tributário promove verdadeiro caos no Poder Judiciário, sendo, portanto, inconcebível a cobrança da dívida ativa nesses moldes.

1.5 As vantagens da desjudicialização da execução fiscal sob os pontos de vista jurídico, ético e humanitário

Colocada a questão da execução fiscal judicial e sua problemática no Brasil, é certo que surgem na doutrina e na jurisprudência diversas vozes, cada vez mais fortes com o passar dos anos, no sentido da necessidade de desjudicialização da cobrança da dívida ativa tributária, apontando tanto para diversos fundamentos, seja do ponto de vista jurídico, quanto para questões éticas e até humanitárias.

A desjudicialização sob o prisma jurídico está ligada à eficiência na gestão econômico-tributária e implica na concepção de que o Poder

---

[49] PEIXOTO, Marco Aurélio; BECKER, Rodrigo. Desjudicialização da execução fiscal – promessa ou realidade? *Revista Jurídica Jota*, 2018. Disponível em: https://www.jota.info/opiniao-e-analise/colunas/coluna-cpc-nos-tribunais/desjudicializacao-da-execucao-fiscal-promessa-ou-realidade-06122018#_ftn2. Acesso em 10 jun. 2019.

[50] A propósito, a doutrina de Machado Segundo, para quem, "é preciso ter em mente, no exame desta e de qualquer outra proposta de alteração da ordem jurídica, que nem sempre uma finalidade aparentemente legítima significa que os meios invocados para a sua consecução sejam também legítimos [...] Deve-se lembrar, ainda, que a supressão de direitos fundamentais ocorre não raro de forma gradual e discreta. Robert Alexy, a esse respeito, faz alusão à natureza "gradativa" como um ordenamento se torna arbitrário e injusto [...] os exemplos servem para nos lembrar que o poder procura sempre se expandir, de forma nem sempre legítima, fazendo para tanto uso de absurdos que, repetidos e aceitos, se tornam normais, abrindo espaço para que outros maiores sejam praticados. Primeiro criou-se a figura da "penhora on-line", que era justificada com a afirmação de que o juiz somente a decretaria em casos extremos etc. Agora, já se fala em execução fiscal administrativa [...] Somando-se esses dados com a circunstância de que, em muitos casos, o contribuinte simplesmente não tem assegurado o direito de defesa na via administrativa [...] o resultado pode ser nefasto". (MACHADO SEGUNDO, Hugo de Brito. *Processo Tributário*. 8. ed. São Paulo: Atlas, 2015. p. 156-157).

Judiciário está abarrotado de processos e deve se preocupar somente com as questões realmente relevantes para a sociedade – tais como as políticas públicas de proteção a direitos humanos –, sendo as demais matérias, inclusive a cobrança de tributos, melhor resolvidas com o diálogo e o confronte de ideias, numa discussão civilizada.

Conforme as lições de Nalini:

> Todos os anos o Governo, suas Autarquias e Fundações – aí compreendidas União, Estados e Municípios – arremessam à Justiça milhões de CDAs – Certidões de Dívida Ativa, que darão origem a execuções fiscais. O Judiciário se conforma com a situação esdrúxula. Aceita ser cobrador de dívida. Mesmo sabendo que não tem estrutura, pessoal nem gestão eficiente para fazer funcionar um setor nevrálgico. Todos têm interesse em que os devedores recolham ao Erário o devido. Se eles se recusarem a pagar, o ônus de sustentar a máquina – sempre perdulária e quase sempre ineficiente – recairá sobre os demais.[51]

Ainda segundo o jurista, em aula ministrada durante recente "Ciclo de Palestras" ocorridas na capital de São Paulo:

> Um sistema judiciário com mais de 100 milhões de processos é um paradoxo. Por isso, é necessário que muitos serviços tenham que ser desjudicializados. É uma tendência irreversível, já que o aparato público não tem mais condições de manter 'welfare state' à sociedade, que cresceu demais em demandas.[52]

A propósito, Helena também aponta para a necessidade de desjudicialização como medida primordial para o desafogo do Poder Judiciário:

> A desjudicialização engendra inúmeras possibilidades de desafogo do Poder Judiciário de suas atribuições em face da crescente litigiosidade das relações sociais, em um mundo a cada dia mais complexo e mutante. A desoneração do Poder Judiciário tem aplicação especial naquelas funções por ele desempenhadas que não dizem respeito diretamente

---

[51] NALINI, José Renato. *Execução não é solução!* Disponível em: http://reantonalini.wordpress.com/2012/03/18/execucao-nao-e-a-solucao/. Acesso em 24 abr. 2019.

[52] Fonte: Reportagem (ASSOCIAÇÃO DOS REGISTRADORES DE PESSOAS NATURAIS DO ESTADO DE SÃO PAULO (ARPEN-SP). É uma tendência irreversível, diz Renato Nalini sobre o processo de desjudicialização na 3º edição do Ciclo de palestras Fernando Rodini. 2018. Disponível em: http://www.arpensp.org.br/index.php?pG=X19leGliZV9ub3RpY2lhcw==&in=NzU5Njg=&MSG_IDENTIFY_CODE. Acesso em 30 abr. 2019).

à sua função precípua em nosso modelo de jurisdição una, ou seja, o monopólio de poder declarar o direito em caráter definitivo, por seu trânsito em julgado soberano, pós rescisória.[53]

Partindo para o campo ético, vemos que a desjudicialização é um fenômeno que acompanha as constantes transformações da sociedade e a frequente mudança dos valores éticos e morais dos indivíduos.

Nessa linha, ninguém melhor do que Bauman,[54] que presentou a humanidade com a sua terminologia "sociedade líquida", para esclarecer que a sociedade a todo momento se transforma, e os indivíduos, de modo incessante, se amoldam às novas realidades. Assim, a sociedade atual não é sólida, mas líquida, que adota a forma do recipiente e procura acobertar o caos, criando uma fina película de ordem que é sempre perfurada e dilacerada pelo caos sobre o qual ela se estende.

Ainda sob o ponto de vista da ética, também Nalini[55] nos ensina que os advogados e magistrados, a par dessa nova realidade de ineficiência do Poder Judiciário, devem crer na existência de alternativas que melhor atendam ao jurisdicionado, sendo necessária a quebra do paradigma da judicialização, a partir da avaliação, pela própria advocacia e magistratura, de que existem formas de solução de conflitos fora da esfera do crivo judicial.

Para o mesmo autor, torna-se necessária e benéfica a sedimentação das formas serenas de decisões, tanto no campo jurídico, quanto na esfera da ética profissional, tudo para permitir à cidadania optar por meios mais expeditos e eficientes de resolução das questões humanas do que o flagelo do processo judicial.

Prossegue o autor afirmando que o juiz ético não hostilizará as formas alternativas de realização do justo, mas compreenderá que é lícito e legítimo para toda a comunidade procurar fórmulas menos sofisticadas e mais eficientes de resolver seus problemas. E conclui dizendo que o convívio com outras experiências de solução das controvérsias será enriquecedor para o juiz melhor compreender

---

[53] HELENA, Eber Zoehler Santa. O fenômeno da desjudicialização. *Revista Jus Navigandi*, ISSN 1518-4862, Teresina, ano 11, n. 922, 11 jan. 2006. Disponível em: https://jus.com.br/artigos/7818. Acesso em 24 abr. 2019.

[54] BAUMAN, Zygmunt. *Vida em fragmentos*: sobre a ética pós-moderna. Rio de Janeiro: Zahar, 2011. p. 26.

[55] NALINI, José Renato. Ética geral e profissional. 7. ed. São Paulo: Revista dos Tribunais, 2009. p. 388 e 439.

os dramas humanos e adotar estratégias mais racionais para o seu desempenho.

Para além da questão ética, alguns doutrinadores entendem que a desjudicialização também é vantajosa sob o ponto de vista humanitário, sendo um importante instrumento para a consolidação dos direitos humanos, a partir do equacionamento da relação existente entre esses direitos e a seara fiscal, bem como do reconhecimento da força normativa dos princípios e da Constituição.

Sob esse aspecto, segundo Campos,[56] a desjudicialização da cobrança de tributos se assenta no reconhecimento da dignidade da pessoa humana pela administração tributária, bem como na concepção de que o tributo não se caracteriza por um simples ato de uma autoridade estranha, mas como resultado de um dever de solidariedade, no qual o cidadão contribui de maneira direta para a sua implementação, adequando-o às suas necessidades e encarando-o como um dever moral, permitindo-se, assim, a concretização dos direitos humanos.

No mesmo sentido, Santiago, após pesquisar a fundo a doutrina sobre o assunto, defende a desjudicialização da cobrança de tributos como sendo um caminho para a consolidação dos direitos humanos no âmbito da tributação, concluindo que:

> O Poder Público não pode mais pautar sua atuação com base em uma arrecadação sem limites, pois também se vincula à preservação da dignidade humana e do mínimo existencial do contribuinte.
>
> [...]
>
> A instituição e a cobrança de tributos não pode se desvencilhar de uma leitura moral, inspirada por valores sociais, democráticos, humanistas e de justiça. Por disposição expressa da Constituição, o Estado brasileiro e, por conseguinte, o sistema tributário se funda nesses valores, o que, por si só, viabiliza uma releitura humanista da tributação nacional, tendo como marco filosófico e teórico o pós-positivismo e o neoconstitucionalismo.
>
> A normatividade presente nos preceitos constitucionais implica uma remodelagem da atuação da Administração Tributária, que também deve se guiar por elementos sociais e humanistas, à luz dos princípios constitucionais da solidariedade e da dignidade da pessoa humana, de modo que os Direitos Humanos passam a vincular toda a construção e manutenção do sistema tributário nacional.

---

[56] CAMPOS, Diogo Leite de. A arbitragem em direito tributário português e o estado-dos cidadãos. *Revista de Arbitragem e Mediação*, São Paulo, n. 12. p. 149-158. jan./mar. 2007. p. 154.

Além disso, a adoção da nova hermenêutica constitucional para a aplicação das normas tributárias traz como consequência um enfoque especial aos Direitos Humanos.

Por sua vez, a relação entre o Direito Tributário e os Direitos Fundamentais deve ser delineada por meio de três vertentes: (i) a preservação do sistema tributário traduz um Direito Fundamental do contribuinte; (ii) os princípios referentes à tributação impõem limites ao poder estatal; e (iii) o pagamento de tributos viabiliza a concretização dos Direitos Fundamentais.

O reconhecimento da normatividade dos princípios implica o reconhecimento da normatividade de diversos Direitos Humanos, o que significa que o respeito aos direitos inerentes ao contribuinte traduz uma obrigação para a Administração Tributária.

Ademais, o cenário brasileiro adverte a necessidade de um novo modelo de execução fiscal. O grande volume de créditos tributários, a elevada quantidade de execuções fiscais e a média de duração desses processos indicam a necessidade de se desenvolver uma série de soluções que aponta para a imprescindibilidade da desjudicialização da cobrança de tributos.

Essa desjudicialização encontra fundamento no princípio da legalidade, que, em sua concepção pós-moderna, impõe que a Administração Tributária adote modelos consensuais e que respeitem a dignidade dos contribuintes. Além disso, traduz um mecanismo de combate à concorrência desleal, originando isonomia e segurança jurídica.

Por fim, mencione-se que a adoção de instrumentos consensuais e desjudicializados, como a transação e a arbitragem, possibilita a efetivação de uma justiça fiscal consensual, em que o cidadão colabora, fiscaliza e participa na atuação da Administração Tributária, a qual terá melhores condições para garantir os direitos inerentes à pessoa do contribuinte.

Assim, a desjudicialização da cobrança de tributos, assentada no paradigma de uma justiça fiscal consensual, privilegia a participação do contribuinte na Administração Tributária, promovendo uma redução da litigiosidade e uma maior eficiência e simplicidade na arrecadação e pagamento de tributos.[57]

O Ministro do Supremo Tribunal Federal Celso de Mello, em célebre voto proferido nos autos da Questão da Ordem na Medida Cautelar na Ação Direta de Inconstitucionalidade nº 2551/MG,[58]

---

[57] SANTIAGO, Rafael da Silva. Desjudicialização da cobrança de tributos: um caminho para a consolidação dos direitos humanos no âmbito da tributação. *Revista Thesis Juris*, 2012. Disponível em: www.revistartj.org.br/ojs/index.php/rtj/article/download/1/pdf. Acesso em 25 abr. 2019.

[58] BRASIL. Supremo Tribunal Federal. *Ação Direta de Inconstitucionalidade nº 2.551-1*. Minas Gerais, 2003. Disponível em: http://redir.stf.jus.br/paginadorpub/paginador. jsp?docTP=AC&docID=266148. Acesso em 01 jun. 2019.

correlacionou com brilhantismo a eficiência da cobrança tributária com o princípio da dignidade da pessoa humana, concluindo que uma arrecadação tributária mais eficiente não pode sugerir um esquecimento dos direitos humanos dos contribuintes, ao ponto de o Poder Judiciário, a qualquer custo, infiltrar-se no patrimônio do devedor inadimplente, indicando, assim, uma conduta confiscatória e violando o princípio constitucional da dignidade da pessoa humana.

Para o ilustre Ministro, deve ser atingido um equilíbrio entre a busca da efetividade na cobrança dos créditos tributários e a proteção aos direitos humanos, a ponto de não prejudicar o mínimo existencial do contribuinte.

A propósito, é importante ilustrar as afirmações anteriores com um excerto, extraído da ementa do voto proferido pelo Ministro Celso de Mello na QO na MC na ADI nº 2551/MG, onde ele afirma que:

> A GARANTIA CONSTITUCIONAL DA NÃO-CONFISCATORIE-DADE – O ordenamento constitucional brasileiro, ao definir o estatuto dos contribuintes, instituiu, em favor dos sujeitos passivos que sofrem a ação fiscal dos entes estatais, expressiva garantia de ordem jurídica que limita, de modo significativo, o poder de tributar de que o Estado se acha investido. Dentre as garantias constitucionais que protegem o contribuinte, destaca-se, em face de seu caráter eminente, aquela que proíbe a utilização do tributo – de qualquer tributo – com efeito confiscatório (Constituição Federal, artigo. 150, IV) – A Constituição da República, ao consagrar o postulado da não-confiscatoriedade, vedou qualquer medida, que, adotada pelo Estado, possa conduzir, no campo da fiscalidade, à injusta apropriação estatal do patrimônio ou dos rendimentos dos contribuintes, comprometendo-lhes, em função da insuportabilidade da carga tributária, o exercício a uma existência digna, ou a prática de atividade profissional lícita, ou, ainda, a regular satisfação de suas necessidades vitais (educação, saúde e habitação, por exemplo) – Conceito de tributação confiscatória: jurisprudência constitucional do Supremo Tribunal Federal. (ADI nº 2.010-MC/DF, Rel. Min. Celso de Mello, v.g.) e o magistério da doutrina.

Assim, a implementação da desjudicialização na seara tributária é uma tendência cada vez maior e encontra amparo tanto juridicamente quanto no campo da ética e dos direitos humanos, por trazer diversos benefícios a todos, seja para o Estado, que deixaria de movimentar a máquina pública com gastos desnecessários, seja para os contribuintes, que teriam os seus direitos atendidos de maneira mais rápida e eficiente, tendo por base o diálogo e a resolução consciente da controvérsia, sem violar os seus direitos humanos fundamentais.

1.6 A desjudicialização como instrumento viabilizador do acesso à Justiça

Embora ambos os conceitos – desjudicialização e acesso à Justiça – pareçam contraditórios e inconciliáveis entre si, podemos dizer que, na realidade, a desjudicialização pode ser um importante instrumento viabilizador da facilitação do acesso à Justiça, uma vez que tal acesso não se dá somente pela via do Poder Judiciário, mas também pelos meios alternativos de resolução das controvérsias.

O acesso à justiça é definido por Cappelletti e Garth como "o modo pelo qual os direitos se tornam efetivos",[59] e segundo esses autores, se desenvolveu em três movimentos distintos, os quais foram denominados de "ondas", assim elencadas: 1ª) assistência judiciária para os pobres; 2ª) representação dos interesses difusos; e 3ª) acesso à representação em juízo, a uma concepção mais ampla de acesso à Justiça e um novo enfoque de acesso à justiça, conforme extraído respectivamente dos seguintes excertos da obra dos mencionados autores:

> Os primeiros esforços importantes para incrementar o acesso à justiça nos países ocidentais concentraram-se, muito adequadamente, em proporcionar serviços jurídicos para os pobres. Na maior parte das modernas sociedades, o auxílio de um advogado é essencial, senão indispensável para decifrar leis cada vez mais complexas e procedimentos misteriosos, necessários para ajuizar uma causa. Os métodos para proporcionar a assistência judiciária àqueles que não a podem custear são, por isso mesmo, vitais.[60]
>
> [...]
>
> Posteriormente, "as reformas legislativas e importantes decisões dos tribunais estão cada vez mais permitindo que indivíduos ou grupos atuem em representação dos interesses difusos".[61]
>
> [...]
>
> Essa "terceira onda" de reforma inclui a advocacia, judicial ou extrajudicial, seja por meio de advogados particulares ou públicos, mas vai além. Ela centra sua atenção no conjunto geral de instituições e mecanismos, pessoas e procedimentos utilizados para processar e

---

[59] CAPPELLETTI, Mauro; GARTH, Bryant. *Acesso à justiça.* Porto Alegre: Sergio Antonio Fabris Editor, 1988. p. 12.

[60] CAPPELLETTI, Mauro; GARTH, Bryant. *Acesso à justiça.* Porto Alegre: Sergio Antonio Fabris Editor, 1988. p. 31.

[61] CAPPELLETTI, Mauro; GARTH, Bryant. *Acesso à justiça.* Porto Alegre: Sergio Antonio Fabris Editor, 1988. p. 91.

mesmo prevenir disputas nas sociedades modernas [...] Seu método não consiste em abandonar as técnicas das duas primeiras ondas de reforma, mas em tratá-las como apenas algumas de uma série de possibilidades para melhorar o acesso.[62]

Historicamente, no Brasil, o direito ao acesso à Justiça remonta às ordenações de Portugal aplicadas ao Brasil-colônia, sendo que as Ordenações Filipinas, promulgadas em 1603, resultaram de uma união das Ordenações Manuelinas com as leis extravagantes em vigência, no sentido de, também, facilitar a aplicabilidade da legislação. Tais Ordenações foram as mais importantes para o Brasil, sendo aplicadas durante um grande período de tempo, perdendo sua vigência no aspecto civil somente em 1916, quando foi publicado o nosso primeiro Código Civil brasileiro.

O Código Civil de 1916 pouco acrescentou no tocante ao acesso à justiça, uma vez que, notoriamente, se tratou de uma legislação predominantemente individualista e apegada a pressupostos formais.

Posteriormente, com a promulgação da Constituição Federal de 1934, o acesso à justiça e a assistência judiciária gratuita foram colocados no rol dos direitos individuais, sendo isentadas as pessoas necessitadas do pagamento de taxas e custas processuais, tratando-se de um grande avanço do Brasil nesse sentido, embora, naquela época, fosse exigida da parte a comprovação de rendimentos, expedida por Serviço de Assistência Social local, para fazer jus a esse direito (conforme artigo 72 da Constituição Federal de 1934).

Na sequência, em 1935, houve a criação do primeiro serviço de assistência judiciária, em âmbito estadual, financiado pelos Estados de São Paulo, Rio Grande do Sul e Minas Gerais.

Após a lacuna da Constituição Federal de 1937, a Constituição de 1946 facilitou o acesso à justiça e restabeleceu a garantia da assistência judiciária gratuita, reinserindo-a no rol das garantias individuais, prevendo no artigo 141, §35, que, "o poder público, na forma que a lei estabelecer, concederá assistência judiciária aos necessitados".

Porém, a gratuidade da justiça somente teve a sua normatização expressa e mais efetiva no Brasil por meio da Lei nº 1.060, de 5 de fevereiro de 1950, que estabeleceu diversos parâmetros inovadores para a concessão dos seus benefícios.

---

[62] CAPPELLETTI, Mauro; GARTH, Bryant. *Acesso à justiça*. Porto Alegre: Sergio Antonio Fabris Editor, 1988. p. 67.

No âmbito do Direito Processual Civil, o CPC de 1973 silenciou em relação ao princípio do acesso à justiça e à gratuidade da Justiça.

A Lei nº 1060/50 foi recepcionada por todas as Constituições que lhe sucederam, inclusive a Carta Magna de 1988, atualmente vigente, que dispõe sobre o livre acesso à Justiça e sobre a gratuidade da Justiça, inserindo-os no rol dos direitos e garantias fundamentais, *ex vi* do artigo 5º, XXXV (princípio da inafastabilidade do controle jurisdicional), LXXIV (prescreve que "o Estado prestará assistência jurídica integral e gratuita aos que comprovarem insuficiência de recursos"), LXXVI (garante a gratuidade do registro civil de nascimento e da certidão de óbito aos reconhecidamente pobres, na forma da lei) e LXXVII (prevê a gratuidade das ações de habeas corpus e habeas data e, na forma da lei, dos atos necessários ao exercício da cidadania).

Ou seja, à luz da sua análise histórica, verificamos que o direito do acesso à Justiça no Brasil passou por diversos momentos de evolução e turbulência, sendo prejudicado nos períodos de ditadura e redução dos direitos dos cidadãos.

Na realidade, somente após a redemocratização, o direito ao acesso à justiça avançou a passos largos em nosso ordenamento jurídico, culminando com a promulgação da Carta Magna de 1988, onde foram previstos e garantidos diversos direitos fundamentais, sendo um deles o próprio acesso ao Poder Judiciário.

Assim, infere-se que todos têm acesso à Justiça para requerer uma tutela jurisdicional para obtenção de um direito, tanto individual quanto difuso ou coletivo, e denota-se que a Constituição Federal tutela não somente a lesão a direito como também a ameaça de lesão, abarcando também a tutela preventiva.

A par da previsão constitucional supra, vemos que o termo "acesso à justiça" não pode ser compreendido enquanto simples instituição estatal, isto é, a sua conceituação não pode abarcar apenas o acesso ao Poder Judiciário, isso porque, segundo Watanabe,[63] "direito de acesso à justiça é, fundamentalmente, direito de acesso a uma ordem jurídica justa", de maneira que seja garantida a efetiva defesa de direitos.

Desse modo, temos que a noção de acesso à justiça deve ser encarada tendo por limite uma efetiva tutela de direitos dentro de uma relação jurídica processual, como diz Cambi, "o conjunto de garantias

---

[63] WATANABE, Kazuo. Acesso à justiça e sociedade moderna. *In*: GRINOVER, Ada Pellegrini *et al.* (Coord.). *Participação e Processo*. São Paulo: Revista dos Tribunais, 1988. p. 128-135.

e dos princípios constitucionais fundamentais ao direito processual, o qual se insere no denominado direito fundamental ao processo justo".[64]

A bem da verdade, o acesso à justiça nos leva à necessidade de se enfocar o serviço do Estado sob a perspectiva de sua eficácia e qualidade, a serem aferidas principalmente sob o viés do usuário do sistema da Justiça. Nesse ponto, não é possível uma melhoria efetiva desses serviços sem que se realize um diagnóstico de como têm sido levadas a efeito, na prática, as atividades dos 3 (três) poderes.

Assim, o acesso à justiça deve ser sempre amplo, tanto do ponto de vista formal quanto do ponto de vista material, com enfoque no acesso à ordem jurídica justa, caracterizando-se também como o "direito à preordenação dos instrumentos processuais capazes de promover a efetiva tutela jurisdicional",[65] pois "o grande desafio do legislador e do juiz, na concretização do direito fundamental à tutela jurisdicional adequada, célere e efetiva é a construção de técnicas processuais capazes de tutelarem os direitos materiais".[66]

Para Grinover:

> É necessário acentuar o conteúdo da ideia de acesso à Justiça que não há de significar simplesmente o acesso ao Poder Judiciário; não só porque também existe o direito à assistência pré-processual, mas também num sentido mais amplo: é que acesso à Justiça significa, e deve significar, não apenas o acesso aos tribunais, mas o acesso a um processo justo, o acesso ao devido processo legal, àquele conjunto de garantias tão importantes que fez com que Mauro Cappelletti dissesse constituir o mais importante dos direitos, na medida em que dele depende da viabilização dos demais direitos.[67]

Importante ressaltar que a desjudicialização não viola qualquer princípio constitucional relacionado ao acesso à Justiça, tal como nos leciona Souza:

---

[64] CAMBI, Eduardo. *Neoconstitucionalismo e neoprocessualismo*. Salvador: Editora Juspodivm, 2009. p. 223.

[65] WATANABE, Kazuo. Acesso à justiça e sociedade moderna. *In*: GRINOVER, Ada Pellegrini *et al.* (Coord.). *Participação e Processo*. São Paulo: Revista dos Tribunais, 1988. p. 135.

[66] CAMBI, Eduardo. *Neoconstitucionalismo e neoprocessualismo*. Salvador: Editora Juspodivm, 2009. p. 225.

[67] GRINOVER, Ada Pellegrini. *Os processos coletivos nos países de civil law e common law*: uma análise de direito comparado. São Paulo: RT, 2008. p. 229.

CAPÍTULO 1
O SISTEMA ARRECADATÓRIO DE TRIBUTOS NO BRASIL E A NECESSÁRIA QUEBRA DO PARADIGMA DA JUDICIALIZAÇÃO | 59

[...] não fere qualquer garantia constitucional quanto ao acesso ao Poder Judiciário, pelo contrário, ela garante ao cidadão um meio alternativo de solução de suas pretensões sem que seja obrigado a submetê-las às delongas do processo judicial. A partir de então, desenvolveu-se uma nova mentalidade em meio à sociedade, qual seja: o indivíduo não mais terá que buscar os morosos ritos processuais para resolver questões de jurisdição voluntária [...], podendo para tanto escolher um dos meios oferecidos pelo legislador no âmbito administrativo.[68]

No mesmo sentido e trazendo a questão para a seara tributária, a doutrina de Wedy,[69] para a qual não há dispositivo na Constituição Federal que institua o monopólio da jurisdição sobre as execuções fiscais, tampouco que vede atos de constrição patrimonial por meio de regular processo administrativo, desde que seja garantido ao contribuinte o devido processo legal, sob todos os seus aspectos, ficando reservado ao Poder Judiciário o controle dos atos constritivos:

Outrossim, urge desde logo afastar quaisquer alegações de que a atribuição dos atos de constrição ao Poder Executivo ofenderia as garantias constitucionais do devido processo legal e de seus corolários contraditório e ampla defesa (art. 5º, LIV e LV), porquanto tais garantias serão devidamente observadas no âmbito do processo administrativo.

Em nenhum momento o constituinte condicionou a privação dos bens dos particulares ao devido processo legal judicial, ou seja, não há dispositivo constitucional que institua o monopólio judiciário sobre a execução fiscal, ou que vede a privação de bens por meio de processo administrativo, desde que seja garantido ao particular o devido processo legal, em seu duplo aspecto processual e substancial, e seus corolários do contraditório e da ampla defesa. Por fim, insta recordar que o princípio constitucional da inafastabilidade do controle jurisdicional (art. 5º, inciso XXXV, da CF de 1988) é reforçado pelo legislador, ao prever o controle judicial dos atos de constrição preparatória e provisória promovidos pela Fazenda Pública.

A par dessa noção mais ampla do princípio do acesso à Justiça e sob o novo enfoque trazido pela utilização de meios alternativos

---

[68] SOUZA, Lígia Arlé Ribeiro de. A importância das serventias extrajudiciais no processo de desjudicialização. *Jus Navigandi*, Teresina, ano 16, n. 3029, 17 out. 2011. Disponível em: https://jus.com.br/artigos/20242/a-importancia-das-serventias-extrajudicias-no-processo-de-desjudicializacao. Acesso em 11 jun. 2019.

[69] WEDY, Ana Paula Martini Tremarin. Proposições alternativas ao processo judicial de execução fiscal. *Revista de Doutrina da 4ª Região*, Porto Alegre, n. 61, ago. 2014.

na resolução de conflitos, podemos aferir que a desjudicialização da arrecadação tributária permite às partes que efetivamente resolvam os seus conflitos e concretizem os seus direitos de forma igualitária, sendo que tal concretização ocorrerá de forma mais plena fora do Poder Judiciário, inclusive pela utilização de meios alternativos de solução das controvérsias, que serão vistos no próximo capítulo.

CAPÍTULO 2

MÉTODOS ALTERNATIVOS TRADICIONAIS PARA A RECUPERAÇÃO DOS CRÉDITOS FAZENDÁRIOS

2.1 A necessidade de prévia inscrição do débito em dívida ativa

Anteriormente à análise do protesto da certidão da dívida ativa e da inclusão do nome dos devedores nos cadastros de inadimplentes, é necessário fazer referência ao pressuposto de validade de ambas as medidas, qual seja: a inscrição do débito na dívida ativa.

Nesse sentido, nos termos do art. 2º, §3º, da Lei de Execuções Fiscais (Lei nº 6.830/80), "a inscrição, que se constitui no ato de controle administrativo da legalidade, será feita pelo órgão competente para apurar a liquidez e a certeza do crédito".

Inscrito, o débito será cristalizado em um documento denominado certidão da dívida ativa, previsto nos artigos 202 a 204 do Código Tributário Nacional (Decreto-Lei nº 5.172/66), que detalha os seus pressupostos essenciais.[70]

---

[70] Art. 202. O termo de inscrição da dívida ativa, autenticado pela autoridade competente, indicará obrigatoriamente:
I – o nome do devedor e, sendo o caso, o dos co-responsáveis, bem como, sempre que possível, o domicílio ou a residência de um e de outros;
II – a quantia devida e a maneira de calcular os juros de mora acrescidos;
III – a origem e natureza do crédito, mencionada especificamente a disposição da lei em que seja fundado;
IV – a data em que foi inscrita;
V – sendo caso, o número do processo administrativo de que se originar o crédito.
Parágrafo único. A certidão conterá, além dos requisitos deste artigo, a indicação do livro e da folha da inscrição.

Paulsen, ao comentar a previsão dos artigos supra elencados, ressalta que o devedor não possui direito à notificação quanto à inscrição do débito em dívida ativa, uma vez que tal ato do Fisco pressupõe o término do procedimento administrativo que ensejou a constituição definitiva do crédito tributário, do qual o contribuinte já participou:

> A dívida regularmente inscrita goza da presunção de certeza e liquidez e tem efeito de prova pré-constituída. Tal presunção, porém, é relativa e pode ser ilidida por prova inequívoca a cargo do sujeito passivo nos termos do art. 204 do CTN. Caberá, pois, ao devedor, apontar e comprovar os vícios, formais ou materiais, da inscrição ou, ainda, da declaração ou do lançamento que lhe deram origem.
>
> [...]
>
> Não tem, o sujeito passivo direito à notificação quanto à inscrição. Não há previsão legal nesse sentido, além do que já terá ele se defendido administrativamente por ocasião do lançamento. A inscrição, ato interno da Administração, faz-se apenas quando já definitivamente constituído o crédito tributário, ou seja, quando já superada a fase administrativa.[71]

Dessa forma, temos que, no momento da inscrição em dívida ativa, a Fazenda Pública declara unilateralmente que o sujeito passivo da obrigação tributária ou não tributária é devedor de determinada quantia em favor do Fisco, produzindo um documento com presunção de liquidez e certeza. Entretanto, anteriormente à inscrição do débito em dívida ativa, é necessária a instauração de prévio processo administrativo, cujo trâmite deverá obedecer aos princípios constitucionais do contraditório e da ampla defesa.

Ressalva-se, contudo, a necessidade de processo administrativo para a constituição de crédito tributário quando o próprio contribuinte declara e reconhece, na fase administrativa, a existência do débito, autorizando, desde já, quando não adimplidos, a sua inscrição na dívida ativa.[72]

Art. 203. A omissão de quaisquer dos requisitos previstos no artigo anterior, ou o erro a eles relativo, são causas de nulidade da inscrição e do processo de cobrança dela decorrente, mas a nulidade poderá ser sanada até a decisão de primeira instância, mediante substituição da certidão nula, devolvido ao sujeito passivo, acusado ou interessado o prazo para defesa, que somente poderá versar sobre a parte modificada.

Art. 204. A dívida regularmente inscrita goza da presunção de certeza e liquidez e tem o efeito de prova pré-constituída.

[71] PAULSEN, Leandro. *Curso de Direito Tributário*. 2. ed. Porto Alegre: Livraria do Advogado, 2008. p. 226.

[72] SOUZA, Tiago Fontoura de. O protesto extrajudicial de certidão de dívida ativa após a edição da Lei nº 12.767/2012. *Revista de Doutrina do TRF4*, 27 fev. 2015. Disponível em:

Em âmbito federal, a competência para a inscrição do débito em dívida ativa é da Procuradoria Geral da Fazenda Nacional, cujas atribuições, previstas nos artigos 12 e 13 da Lei Complementar nº 73, de 10 de fevereiro de 1993, são, dentre outras, apurar a liquidez e certeza da dívida ativa da União de natureza tributária e não tributária, inscrevendo-a para fins de cobrança, amigável ou judicial.

A Portaria PGFN nº 33, de 09 de fevereiro de 2018, ao regulamentar a lei federal, disciplina "os procedimentos para o encaminhamento de débitos para fins de inscrição em dívida ativa da União",[73] sendo que o controle de legalidade desses débitos deve atender, antes de sua cobrança, aos seguintes pressupostos: (i) certeza, ou seja, "cujos elementos da relação jurídica obrigacional estão evidenciados com exatidão"; (ii) liquidez, ou quando o "valor do objeto da relação jurídica obrigacional é evidenciado com exatidão"; e (iii) exigibilidade do débito, quando este é "vencido e não pago, que não está mais sujeito a termo ou condição para cobrança judicial ou extrajudicial".

No Estado de São Paulo, a Lei Orgânica da Procuradoria Geral do Estado (LC nº 1.270, de 25.08.2015) prevê, no artigo 3º, V, competir à Procuradoria, com exclusividade, "a inscrição, o controle e a execução da dívida ativa estadual", bem como o art. 36, II, da mesma lei, estabelece a competência da Procuradoria da Dívida Ativa para "realizar os atos de inscrição na dívida ativa, zelando pela sua celeridade e segurança", podendo tal ato ser delegado às Procuradorias Regionais, mediante prévia edição de ato normativo pela autoridade competente.

Logo, a inscrição em dívida ativa e os atos subsequentes deverão ser feitos pelas Procuradorias federal ou estaduais, após a inserção dos dados no sistema pelo órgão de origem do crédito tributário.

No tocante às dívidas não tributárias, como multas e taxas judiciárias, no Estado de São Paulo, elas devem ser previamente cadastradas no sistema da dívida ativa pelos Tribunais, para possibilitar a sua inscrição, controle e cobrança pela Procuradoria; as dívidas tributárias,

---

http://revistadoutrina.trf4.jus.br/index.htm?http://revistadoutrina.trf4.jus.br/artigos/edicao064/Tiago_deSouza.html. Acesso em 15 jun. 2019.

[73] PROCURADORIA GERAL DA FAZENDA NACIONAL. Portaria PGFN nº 33, de 08 de fevereiro de 2018. Regulamenta os arts. 20-B e 20-C da Lei nº 10.522, de 19 de julho de 2002 e disciplina os procedimentos para o encaminhamento de débitos para fins de inscrição em dívida ativa da União, bem como estabelece os critérios para apresentação de pedidos de revisão de dívida inscrita, para oferta antecipada de bens e direitos à penhora e para o ajuizamento seletivo de execuções fiscais. *Diário Oficial da União*, 09 fev. 2018. Seção 1, p. 35. Disponível em: http://sijut2.receita.fazenda.gov.br/sijut2consulta/link.action?idAto=90028&visao=anotado. Acesso em 11 jun. 2019.

por seu turno, deverão ser previamente cadastradas no sistema pelas Delegacias Regionais Tributárias.

Por sua vez, a Lei Federal nº 12.767, de 27 de dezembro de 2012, por intermédio de seu artigo 25, incluiu o parágrafo único ao artigo 1º, da Lei Federal nº 9.492, de 10 de setembro de 1997, autorizando o protesto das certidões de dívida ativa.

Desse modo, inscrito o débito em dívida ativa, a Procuradoria deverá promover inicialmente o protesto do título em cartório (conforme previsão nas da Leis nºs 9.492/1997 e 12.767/2012), bem como a inclusão do nome do devedor no cadastro de inadimplentes, para compelir o devedor a efetuar o pagamento no âmbito administrativo.

2.2 O protesto extrajudicial

O protesto, previsto na Lei Federal nº 9.492/1997, possui definição em seu artigo 1º, como sendo o "ato formal e solene pelo qual se prova a inadimplência e o descumprimento de obrigação originada em títulos e outros documentos de dívida", de modo que tal legislação deu uma abrangência maior que os diplomas reguladores anteriores, quais sejam: as Leis nº 5.474/68 e nº 7.357/85.

De acordo com a doutrina de Oliveira, o protesto, originário do Direito Cambiário, possui como finalidade prevista em lei, comprovar a inadimplência de uma obrigação, visando a conferir segurança jurídica para o credor. Entretanto, seu principal objetivo prático é forçar o devedor ao cumprimento da obrigação:

> Analisando a definição legal e doutrinária, percebe-se que o protesto foi concebido como ato formal e solene através do qual o credor comprova a inadimplência do devedor, objetivando resguardar o crédito consubstanciado no título. É um ato solene e formal, haja vista que para atribuição de efeitos que lhe são próprios, é essencial a obediência às prescrições legais, devendo ser praticado perante o Tabelião titular do cartório competente.
>
> Nasceu no Direito Cambiário, tendo por finalidade comprovar o inadimplemento de uma obrigação que surge por meio de um título, visando conferir segurança jurídica à obrigação.
>
> [...]
>
> É necessário esclarecer, entretanto, que, apesar de ter nascido no direito cambiário, o protesto extrajudicial tem outras finalidades além da comprovação do inadimplemento do título, já que o objetivo maior dos credores reside não na prova do descumprimento, mas sim no

recebimento do que lhes é devido. Assim, é certo que tanto os demais títulos extrajudiciais quanto a certidão de dívida ativa têm como objetivo maior forçar o devedor ao adimplemento da obrigação apresentada, não havendo, por conseguinte, qualquer irregularidade na utilização desse mecanismo no caso do crédito público.

Logo, conclui-se que o protesto não serve somente para constituir em mora o devedor, tornando público o descumprimento de uma determinada obrigação contida em um documento formal. Na verdade, o protesto carrega a precípua função de forçar o adimplemento da obrigação.

Por último, é importante realçar que entre os efeitos decorrentes da realização do protesto, está a publicidade do protesto, sobressaindo como incentivo ao pagamento espontâneo do débito.[74]

De acordo com a doutrina de Gialucca, o protesto extrajudicial atende não somente ao interesse da Fazenda Pública, mas de toda a coletividade, sendo instrumento que inibe a inadimplência dos devedores ao mesmo tempo em que contribui para a redução do número de execuções fiscais ajuizadas, melhorando a prestação jurisdicional e possibilitando ao devedor a quitação ou o parcelamento da dívida, evitando assim a constrição patrimonial do contribuinte:

> A autorização para o protesto no caso em tela atende não somente ao interesse da Fazenda Pública, mas também ao interesse coletivo, considerando que é instrumento apto a inibir a inadimplência do devedor, além de contribuir para a redução do número de execuções fiscais ajuizadas, com vistas à melhoria da prestação jurisdicional e à preservação da garantia constitucional do acesso à Justiça; o protesto possibilita ao devedor a quitação ou o parcelamento da dívida, as custas são certamente inferiores às judiciais, bem assim não há penhora de bens tal como ocorre nas execuções fiscais
>
> [...]
>
> O protesto da CDA é uma medida de gestão fiscal efetiva, de interesse público, revestida de economia processual, proporcionalidade, menos onerosa ao devedor, que certamente desafogará o Judiciário e permitirá que a Fazenda Pública preste um serviço mais eficiente, seja pelo recebimento rápido, seja pelo maior tempo que terá para o ajuizamento da ação em razão da interrupção do prazo prescricional.[75]

---

[74] OLIVEIRA, Isabelle Ferreira Duarte Barros de. *O protesto extrajudicial da Certidão de Dívida Ativa*. 2014. Disponível em: https://jus.com.br/artigos/33847/o-protesto-extrajudicial-da-certidao-de-divida-ativa. Acesso em 11 jun. 2019.

[75] GIALUCCA, Alexandre. *A discussão sobre a legalidade do protesto extrajudicial da certidão da dívida ativa por parte da fazenda pública*. Disponível em: https://alegialluca.jusbrasil.com.br/

Dessa forma, o protesto extrajudicial, embora tenha nascido no Direito cambiário com a finalidade de servir como garantia de impontualidade do devedor, tem como principal objetivo apresentar-se como modalidade alternativa de cobrança do crédito.

2.3 A inclusão do nome do devedor no cadastro de inadimplentes

De acordo com o Tesouro Nacional,[76] o CADIN – Cadastro Informativo de Créditos não Quitados do Setor Público Federal – é um banco de dados no qual estão registrados os nomes de pessoas físicas e jurídicas em débito para com órgãos e entidades federais. No âmbito federal, tal cadastro é regulado pela Lei Federal nº 10.522, de 19 de julho de 2002, e pela Portaria STN nº 685, de 14 de setembro de 2006.[77]

Podem efetuar registros no CADIN quaisquer órgãos integrantes da Administração Pública Federal Direta ou Indireta, inclusive dos Poderes Legislativo e Judiciário e Conselhos de fiscalização das profissões regulamentadas.

Por sua vez, podem ser incluídas no CADIN quaisquer pessoas jurídicas, de direito público ou privado, e pessoas físicas, responsáveis por obrigações pecuniárias vencidas e não pagas para com órgãos e entidades da Administração Pública Federal, direta e indireta, ou que estejam com inscrição cancelada no Cadastro de Pessoa Física – CPF, ou declarada inapta perante o Cadastro Geral de Contribuintes – CGC.

Em termos procedimentais, primeiramente, o órgão responsável pela administração do crédito deve comunicar ao devedor sobre a existência de débito passível de inscrição no CADIN, fornecendo-lhe todas as informações pertinentes.

Se a dívida não for regularizada dentro de 75 de (setenta e cinco) dias, contados a partir da data de comunicação, o nome do devedor será inscrito no Cadastro. Quando a comunicação for efetuada por via postal ou telegráfica, dirigida ao endereço indicado no instrumento

---

artigos/121816985/a-discussao-sobre-a-legalidade-do-protesto-extrajudicial-da-certidao-da-divida-ativa-por-parte-da-fazenda-publica. Acesso em 11 jun. 2019.

[76] TESOURO NACIONAL. *Cadin*. 2015. Disponível em: http://www.tesouro.fazenda.gov.br/cadin-faq. Acesso em 13 jun. 2019.

[77] LEGISWEB. *Portaria STN nº 685, de 14 de setembro de 2006. Revoga a Portaria STN no 280, de 20 de setembro de 1996, e dá outras providências.* Disponível em: https://www.legisweb.com.br/legislacao/?id=198074. Acesso em 15 jun. 2019.

que deu origem ao débito, será considerada entregue após 15 (quinze) dias da sua expedição, contando-se, a partir de então, o prazo de 75 (setenta e cinco) dias.

Caberá ao devedor procurar o órgão ou a entidade responsável pela inscrição e comprovar a regularização do débito. O responsável pelo registro procederá, no prazo máximo de 5 (cinco) dias úteis, à respectiva baixa, que se dará somente pelo órgão ou entidade responsável pela inscrição do débito em dívida ativa.

Os Estados e Municípios deverão criar, mediante lei, seus próprios cadastros informativos de débitos, a exemplo do CADIN do Estado de São Paulo, instituído pela Lei Estadual nº 12.799, de 11 de janeiro de 2008, e regulamentado pelo Decreto estadual nº 53.455 de 19 de setembro de 2008,[78] que registra o nome das pessoas físicas e jurídicas que possuem pendências com os órgãos e entidades da Administração Pública, direta e indireta, do Estado de São Paulo.

Destaca-se, no ponto, a função dúplice da inclusão do devedor no cadastro de inadimplentes: tal medida é admitida tanto extrajudicialmente, em procedimento administrativo preparatório ao ajuizamento da execução fiscal, quando judicialmente, após o ajuizamento do feito executivo, como forma de garantia da efetivação da execução, conforme previsão do art. 782, §3º, do CPC de 2015.[79]

2.4 A constitucionalidade e a legalidade dos métodos supra elencados à luz do entendimento dos Tribunais Superiores

No tocante à jurisprudência dos Tribunais Superiores sobre o assunto, antiga discussão no meio jurídico envolvia a (in)constitucionalidade da inclusão do nome do devedor no cadastro de inadimplentes e do protesto da certidão de dívida ativa em cartório.

---

[78] ASSEMBLÉIA LEGISLATIVA DO ESTADO DE SÃO PAULO. Decreto nº 53.455, de 19 de setembro de 2008. Regulamenta a Lei nº 12799, de 11 de janeiro de 2008, que dispõe sobre o Cadastro Informativo dos Créditos não Quitados de órgãos e entidades estaduais – CADIN ESTADUAL, e dá providências correlatas. *Diário Oficial da União*, São Paulo, 20 set. 2008. Disponível em: https://www.al.sp.gov.br/norma/137863. Acesso em 12 jun. 2019.

[79] Art. 782. Não dispondo a lei de modo diverso, o juiz determinará os atos executivos, e o oficial de justiça os cumprirá.
[...]
§3º A requerimento da parte, o juiz pode determinar a inclusão do nome do executado em cadastros de inadimplentes.

De acordo com os causídicos defensores dos contribuintes, tais medidas seriam desproporcionais, uma vez que ensejariam um mecanismo de cobrança indireta de tributos, atentando contra direitos fundamentais do cidadão/contribuinte.

Sob esse prisma, a certidão de dívida ativa é um título executivo e, *per si*, o uso do protesto extrajudicial funcionaria como uma coerção indireta sobre o devedor, afrontando dispositivos constitucionais ligados à livre iniciativa, à propriedade privada, à excepcional intervenção do Estado na ordem econômica e ao direito ao livre exercício profissional (cf. os artigos 5º, XIII e XXXV, 170, II, e 174 da Constituição Federal de 1988).[80]

Nesse sentido, Machado, em sua obra clássica de direito tributário, já manifestou entendimento de que a inclusão do nome do devedor no cadastro de inadimplentes configura abuso de direito do fisco:

> [...] quando uma pessoa, física ou jurídica, tem o seu nome inscrito no SERASA, isto é uma advertência no sentido de que tal pessoa não merece crédito. Ocorre que as relações tributárias não resultam da concessão de crédito ao contribuinte. O fisco não concede crédito ao contribuinte. Não se pode considerar enganado por aqueles que não pagam o tributo tal como pretende receber. [...] não é justo, portanto, inscrever no SERASA, que é um cadastro de devedores inadimplentes destinado a proteger o crédito, o nome de alguém que não se fez devedor porque tenha merecido crédito. Nem é adequado, porque, contrariando a finalidade do SERASA, cria oportunidades para equívocos que podem ser prejudiciais às próprias empresas que utilizam informações desse cadastro quando

---

[80] Art. 5º Todos são iguais perante a lei, sem distinção de qualquer natureza, garantindo-se aos brasileiros e aos estrangeiros residentes no País a inviolabilidade do direito à vida, à liberdade, à igualdade, à segurança e à propriedade, nos termos seguintes:
[...]
XIII – é livre o exercício de qualquer trabalho, ofício ou profissão, atendidas as qualificações profissionais que a lei estabelecer;
[...]
XXXV – a lei não excluirá da apreciação do Poder Judiciário lesão ou ameaça a direito.
[...]
Art. 170. A ordem econômica, fundada na valorização do trabalho humano e na livre iniciativa, tem por fim assegurar a todos existência digna, conforme os ditames da justiça social, observados os seguintes princípios:
[...]
I – propriedade privada;
[...]
Art. 174. Como agente normativo e regulador da atividade econômica, o Estado exercerá, na forma da lei, as funções de fiscalização, incentivo e planejamento, sendo este determinante para o setor público e indicativo para o setor privado.

decidem sobre a concessão de crédito a alguém. Podem deixar de fazer negócios com devedores de tributos que na verdade merecem todo o crédito do mundo. É mais um abuso de Direito do fisco.[81]

Harada também manifestou entendimento de que a inclusão do nome do devedor implica ofensa ao princípio da livre iniciativa pelos particulares, conforme previsão no artigo 170 da nossa Carta Constitucional:

> Não é dado ao Estado tolher a liberdade de o contribuinte em débito com tributos exercer a sua atividade econômica até mesmo para poder cumprir as obrigações tributárias, e muito menos impedir o exercício regular da atividade econômica, sob pena de afronta ao art. 170 e parágrafo único da CF, que consagram o princípio da livre iniciativa.[82]

Lopes, por sua vez, ao discorrer sobre o protesto extrajudicial, também se posiciona contrariamente a tal providência administrativa, por se tratar de procedimento, ao seu ver, inútil ao Fisco, que causa indevido constrangimento ao devedor:

> Segundo concepção doutrinária difundida, o protesto serve à configuração da mora do devedor, autorizando a execução do título protestado ou a apresentação do requerimento de falência do inadimplente.
>
> Sucede que a obrigação tributária tem fonte na lei (obrigação *ex lege*), não em títulos e outros documentos de dívida. Além disso, a mora do contribuinte inadimplente é automática, a partir do vencimento do prazo para recolhimento do tributo (CTN, art. 161, caput), configurando-se, pois, independentemente de notificação ou protesto do devedor. À cobrança do crédito tributário, outrossim, basta a sua inscrição prévia no registro da dívida ativa, mediante ato unilateral que a ele atribui qualificativo processual de exequibilidade. Por fim, não pode a Fazenda Pública requerer a falência do devedor do tributo, ausente autorização legislativa para tanto.
>
> O protesto de certidão de dívida ativa tributária se revela, portanto, medida inútil ao Fisco, a menos que seu interesse seja o de impor constrangimento ao devedor tributário inadimplente, mediante negativação de seu nome em cadastros restritivos de crédito que são municiados com informações fornecidas pelos cartórios de protestos de títulos.

---

[81] MACHADO, Hugo de Brito. *Curso de Direito Tributário*. 29. ed. São Paulo: Malheiros, 2008. p. 124.

[82] HARADA, Kiyoshi. Execução Fiscal. *In: XXXIII Simpósio Nacional de Direito Tributário*. São Paulo: Instituto Internacional de Ciências Sociais, 2008.

Tal desiderato, entretanto, não pode ser alcançado pelo Estado, que assim agindo viola o devido Processo legal exigível para a cobrança de seus créditos e ignora a absoluta vinculação à lei a que tal atividade se subordina.[83]

Entretanto, a despeito dos judiciosos argumentos em sentido contrário, tanto o Supremo Tribunal Federal quanto o Superior Tribunal de Justiça já se manifestaram reiteradamente pela possibilidade de implementação de tais mecanismos de cobrança pelo Fisco, por não ensejarem qualquer ofensa a direitos fundamentais.

Em relação ao protesto das certidões de dívida ativa em cartório, o Superior Tribunal de Justiça enfrentou o Recurso Especial nº 1.126.515/PR[84] (não repetitivo), julgado pela Segunda Turma em 03.12.2013, relator o Ministro Herman Benjamin, que superou a jurisprudência anterior do próprio STJ (*overruling*) manifestando-se pela legalidade do protesto extrajudicial, uma vez que, na nova concepção dos Ministros, sua lei autorizativa deve ser interpretada em contexto com a dinâmica moderna das relações sociais e com o "II Pacto Republicano de Estado por um sistema de justiça mais acessível, ágil e efetivo".

Pela relevância dos argumentos apresentados pelo Ministro Relator Herman Benjamin, transcrevemos a parte do seu voto que contém o sumo da sua argumentação favorável ao Fisco:

5. Possibilidade de protesto da CDA (desconstrução de mitos)

Após muito refletir sobre o tema controvertido, posiciono-me favoravelmente ao protesto da CDA diante das seguintes considerações:

a) a Lei nº 9.492/1997 não disciplina apenas o protesto de títulos cambiais, tampouco versa apenas sobre relações de Direito Privado.

Conforme dito anteriormente, a entrada em vigor da Lei nº 9.492/1997 constituiu a reinserção da disciplina jurídica do protesto ao novo contexto das relações sociais, mediante ampliação de sua área de abrangência para qualquer tipo de título ou documento de dívida. Exemplificativamente, tem-se que até títulos judiciais podem ser levados a protesto [...]

b) a natureza bifronte do protesto viabiliza sua utilização, inclusive para a CDA e as decisões judiciais condenatórias transitadas em julgado.

---

[83] LOPES, Mauro Luís Rocha. *Manual de Processo Judicial Tributário*. 4. ed. Rio de Janeiro: Lumen Iuris, 2007. p. 16-17.

[84] BRASIL. Superior Tribunal de Justiça. *Recurso Especial nº 1.126.515/PR 2009/0042064-8 – Rel. e Voto*. Íntegra do acórdão disponível em: *www.stj.jus.br*. Pesquisa de jurisprudência. Acesso em 28 abr. 2019.

O protesto, além de representar instrumento para constituir em mora e/ou comprovar a inadimplência do devedor, é meio alternativo para o cumprimento da obrigação.

[...]

Sob essa ótica, não vejo como legítima qualquer manifestação do Poder Judiciário tendente a suprimir, sob viés que se mostra político, a adoção do protesto da CDA. De fato, a verificação quanto à utilidade ou necessidade do protesto da CDA, como política pública para a recuperação extrajudicial de crédito, cabe com exclusividade à Administração Pública.

Ao Poder Judiciário é reservada exclusivamente a análise da sua conformação (ou seja, da via eleita) ao ordenamento jurídico. Dito de outro modo, compete ao Estado decidir se quer protestar a CDA; ao Judiciário caberá examinar a possibilidade de tal pretensão, quanto aos aspectos constitucionais e legais.

[...]

É indefensável, portanto, o argumento de que a disciplina legal da cobrança judicial da dívida ativa impede, em caráter permanente, a Administração Pública de instituir ou utilizar, sempre com observância ao princípio da legalidade, modalidade extrajudicial para cobrar, com vistas à eficiência, seus créditos.

c) a questão da participação do devedor na formação da dívida

[...]

Em primeiro lugar, não vejo como sustentar que, na forma disciplinada pelo art. 1º da Lei nº 9.492/1997, somente a obrigação decorrente de ato ou contrato de natureza privada possa ser levada a protesto. Não é a concordância do sujeito passivo que autoriza o protesto (se fosse assim, o portador de um cheque não poderia levá-lo a protesto, caso verificasse que o devedor se recusa a pagá-lo sob o fundamento de que o crédito se encontra quitado por compensação), mas sim a sua participação, acrescida da previsão legal que confere esse direito subjetivo ao titular de um crédito oriundo de determinado tipo de obrigação.

Se a origem do vínculo obrigacional, em vez de contrato ou ato jurídico, for diretamente a lei (é o caso dos tributos) – em que a manifestação de vontade do sujeito passivo é irrelevante, – haveria, na verdade, até menos motivos para recusar o protesto (já que uma manifestação de vontade pode estar viciada, o que não sucede com a obrigação prevista em lei).

Em segundo lugar, é importante registrar que não se confunde o poder unilateral de o Fisco constituir o crédito tributário com a situação posterior da inscrição em dívida ativa. Esta última nunca é feita "de surpresa", sem o conhecimento do sujeito passivo. A inscrição em dívida ativa ou decorre de um lançamento de ofício, no qual são assegurados o contraditório e a ampla defesa (impugnação e recursos administrativos), ou de confissão de dívida pelo devedor. Em qualquer uma dessas hipóteses, o sujeito passivo terá concorrido para a consolidação do crédito tributário.

[...]

d) conformidade do protesto da CDA com o "II Pacto Republicano de Estado por um sistema de Justiça mais acessível, ágil e efetivo".

Foi publicado, no DOU de 26.5.2009, o "II Pacto Republicano de Estado por um sistema de Justiça mais acessível, ágil e efetivo", instrumento voltado a fortalecer a proteção aos direitos humanos, a efetividade da prestação jurisdicional, o acesso universal à Justiça e também o aperfeiçoamento do Estado Democrático de Direito e das instituições do Sistema de Justiça. Entre as medidas anunciadas, merece destaque a seguinte: Anexo "Matérias Prioritárias" 2 – Agilidade e efetividade da prestação jurisdicional [...] 2.11 – Revisão da legislação referente à cobrança da dívida ativa da Fazenda Pública, com vistas à racionalização dos procedimentos em âmbito judicial e administrativo. A interpretação da Lei nº 9.492/1997, portanto, não pode ser feita sem levar em conta esse importante vetor [...].

No mesmo sentido, o Supremo Tribunal Federal, nos autos da Ação Direta de Inconstitucionalidade nº 5135, julgada em 09 de novembro de 2016, fixou as seguintes teses de controle concentrado, ambas favoráveis ao protesto das certidões de dívida ativa em cartório:

O protesto das Certidões de Dívida Ativa constitui mecanismo constitucional e legítimo, por não restringir de forma desproporcional quaisquer direitos fundamentais garantidos aos contribuintes e, assim, não constituir sanção política. (Tese definida na ADI nº 5.135, rel. min. Roberto Barroso, p, j. 9.11.2016, DJE 22 de 7.2.2018).

Tampouco há inconstitucionalidade material na inclusão das CDAs no rol dos títulos sujeitos a protesto. Somente pode ser considerada "sanção política" vedada pelo STF (cf. Súmulas nº 70, 323 e 547) a medida coercitiva do recolhimento do crédito tributário que restrinja direitos fundamentais dos contribuintes devedores de forma desproporcional e irrazoável, o que não ocorre no caso do protesto de CDAs. (ADI nº 5.135, rel. min. Roberto Barroso, p, j. 9.11.2016, DJE 22 de 7.2.2018).[85]

---

[85] BRASIL. Supremo Tribunal Federal. *ADI nº 5.135*. Íntegra do acórdão disponível em: http://www.stf.jus.br/portal/jurisprudencia/menuSumarioSumulas.asp?sumula=2194. Acesso em 24 abr. 2019.

Do mesmo modo, o Supremo Tribunal Federal reconheceu a constitucionalidade da criação do Cadastro Informativo de Créditos não Quitados do Setor Público Federal (CADIN) na ADI nº 1.454/DF, Plenário, Rel. Ministra Ellen Gracie, DJ de 03.08.2007, em acórdão assim ementado:

> AÇÃO DIRETA DE INCONSTITUCIONALIDADE. MEDIDA PROVISÓRIA Nº 1.442, DE 10.05.1996, E SUAS SUCESSIVAS REEDIÇÕES. CRIAÇÃO DO CADASTRO INFORMATIVO DE CRÉDITOS NÃO QUITADOS DO SETOR PÚBLICO FEDERAL – CADIN. ARTIGOS 6º E 7º. CONSTITUCIONALIDADE DO ART. 6º RECONHECIDA, POR MAIORIA, NA SESSÃO PLENÁRIA DE 15.06.2000. MODIFICAÇÃO SUBSTANCIAL DO ART. 7º A PARTIR DA REEDIÇÃO DO ATO IMPUGNADO SOB O Nº 1.863-52, DE 26.08.1999, MANTIDA NO ATO DE CONVERSÃO NA LEI Nº 10.522, DE 19.07.2002. DECLARAÇÃO DE PREJUDICIALIDADE DA AÇÃO, QUANTO AO ART. 7º, NA SESSÃO PLENÁRIA DE 20.06.2007.
>
> 1. A criação de cadastro no âmbito da Administração Pública Federal e a simples obrigatoriedade de sua prévia consulta por parte dos órgãos e entidades que a integram não representam, por si só, impedimento à celebração dos atos previstos no art. 6º do ato normativo impugnado.
>
> 2. A alteração substancial do art. 7º promovida quando da edição da Medida Provisória nº 1.863-52, de 26.08.1999, depois confirmada na sua conversão na Lei nº 10.522, de 19.07.2002, tornou a presente ação direta prejudicada, nessa parte, por perda superveniente de objeto.
>
> 3. Ação direta parcialmente prejudicada cujo pedido, no que persiste, se julga improcedente.[86]

Assim sendo, ambas as providências administrativas supracitadas são autorizadas pela legislação e admitidas pela Constituição Federal, bem como foram referendadas pela jurisprudência das Cortes Máximas do nosso país em matérias constitucional (STF) e infraconstitucional (STJ).

---

[86] BRASIL. Supremo Tribunal Federal. *ADI nº 1.454/DF*. Íntegra do acórdão disponível em: www.stf.jus.br. Pesquisa de jurisprudência. Acesso em 24 abr. 2019.

CAPÍTULO 3

HIPÓTESES PARA A IMPLEMENTAÇÃO DE UM SISTEMA ARRECADATÓRIO MAIS EFICIENTE

3.1 As reformas previdenciária e tributária como fatores de fortalecimento da arrecadação tributária e de redução da judicialização

Apesar das diversas vozes contrárias à aprovação da reforma da Previdência Social, vemos que, conforme a Exposição de Motivos nº 29/2019[87] da PEC nº 6, de 2019,[88] enviada pelo Governo Federal à apreciação do Congresso Nacional e recentemente aprovada pela Comissão de Constituição e Justiça (CCJ), estima-se, caso ela seja implementada, uma economia de bilhões de reais em gastos públicos.

Ademais, a reforma previdenciária, conjugada com a aprovação de outros projetos de lei já apresentados para apreciação do Congresso Nacional – tal como a Medida Provisória nº 871, de 18 de janeiro de 2019 –, bem como com outras medidas que ainda serão apresentadas – a exemplo de um projeto de lei para melhoria da cobrança da dívida ativa –, busca construir uma nova previdência social, equilibrando as

---

[87] Exposição de Motivos da Reforma da Previdência Social. Ministério Da Economia. (BRASIL. Subchefia de Assuntos Parlamentares. *Exposição de Motivos nº 29/2019*. Disponível em: http://www.planalto.gov.br/ccivil_03/Projetos/ExpMotiv/REFORMA%202019/ME/2019/00029.htm. Acesso em 15 jun. 2019).

[88] CÂMARA DOS DEPUTADOS. *Proposta e Emenda à Constituição nº 6/2019*. Modifica o sistema de previdência social, estabelece regras de transição e disposições transitórias, e dá outras providências. Disponível em: https://www.camara.leg.br/proposicoesWeb/prop_mostrarintegra?codteor=1730596&filename=PRL+1+CCJC+%3D%3E+PEC+6/2019. Acesso em 15 jun. 2019.

despesas previdenciárias, sem descuidar do papel fundamental dessa política pública na redução das desigualdades sociais e da garantia de condições dignas de vida aos brasileiros.

Nesse sentido, veja-se que, dentre os pilares da reforma previdenciária, além do combate às fraudes, temos a otimização e o fortalecimento da arrecadação tributária, bem como a redução da judicialização, conforme se verifica do seguinte trecho da Exposição de Motivos supracitada:

13. Esse projeto para uma nova previdência é estruturado em alguns pilares fundamentais: combate às fraudes e redução da judicialização; cobrança das dívidas tributárias previdenciárias; equidade, tratando os iguais de forma igual e os desiguais de forma desigual, com todos os brasileiros contribuindo para o equilíbrio previdenciário na medida de sua capacidade; além da criação de um novo regime previdenciário capitalizado e equilibrado, destinado às próximas gerações.

14. O primeiro pilar – o combate às fraudes e redução da judicialização – foi o objetivo central da mencionada MP nº 871, de 18 de janeiro de 2019. A referida medida teve como finalidade estabelecer instrumentos para eliminar a possibilidade de recebimento indevido de benefícios previdenciários, por meio de ajuste de dispositivos legais e instituição de programas especiais de combate às irregularidades, acelerando a análise administrativa dos processos de revisão de benefícios. Além disso, buscou-se reduzir litígios judiciais, pacificando pontos já decididos pela jurisprudência e dando maior clareza a pontos que geram ações judiciais de forma reiterada. O combate às fraudes, contudo, não é suficiente para, isoladamente, resolver o problema estrutural da previdência social e assegurar o equilíbrio financeiro e atuarial do sistema.

15. O segundo pilar é o fortalecimento do processo de cobrança da dívida ativa da União, em especial das contribuições previdenciárias. A dívida ativa da União é cobrada de forma adequada pela Procuradoria Geral da Fazenda Nacional – PGFN, mas o processo de cobrança deve ser aperfeiçoado para garantir maior agilidade e eficiência na arrecadação. Em janeiro de 2017, o valor da dívida dos contribuintes com a previdência era de aproximadamente R$432,9 bilhões, sendo que R$52 bilhões já estavam em processo de pagamento pelos devedores (parcelamento e dação de bens em garantia). De acordo com estimativas da PGFN, do total restante de R$380,9 bilhões, cerca de 58% são de baixa ou remota possibilidade de recuperação (empresas extintas ou falidas). Logo, apenas 42% do total, totalizando aproximadamente R$160 bilhões, possuiria alta ou média chance de recuperação.

16. Da mesma forma que o combate às fraudes, a cobrança das dívidas é muito relevante, mas não constitui medida suficiente para trazer equilíbrio à previdência social. Em 2018, o déficit do RGPS foi de

R$195,2 bilhões. Assim, ainda que todo o estoque de dívida ativa previdenciária fosse quitado instantaneamente, com a antecipação dos parcelamentos e julgamento definitivo de todos os processos administrativos e judiciais tributários, o valor não seria suficiente sequer para garantir o equilíbrio no ano de 2019, além de aumentar ainda mais o crescimento do déficit nos anos seguintes pela ausência dessa receita parcelada.

Desse modo, vemos que a desjudicialização e a otimização das formas de arrecadação tributária serão consequências logicas da reforma da previdência social, além de que a nova previdência possibilitará melhor distribuição de renda à população, corrigindo distorções no sistema como um todo e alcançando a seara da tributação fiscal.

A reforma tributária, por sua vez, ao contrário da previdenciária, não possui sequer previsão de data de aprovação, dependendo de futuras articulações políticas. Porquanto o projeto de reforma possua diversos pontos polêmicos, a exemplo da "taxação do trabalho informal",[89] vê-se com otimismo a possibilidade de sua implementação nos próximos anos.

Nesse sentido, as medidas propostas pelo Governo federal, como a criação de uma contribuição eletrônica sobre pagamentos,[90] em substituição à atual tributação sobre a folha salarial, tendem a facilitar a arrecadação tributária, possibilitando a implementação de métodos alternativos (eletrônicos) mais eficientes de cobrança.

A propósito, Machado e Balthazar, ao discorrerem sobre o tema da reforma tributária, concluem que ela representará um verdadeiro instrumento de efetivação da justiça redistributiva, uma vez que a forma da tributação atualmente em vigor no Brasil parte de uma premissa equivocada:

> O atual modelo de tributação privilegia a taxação sobre o consumo, onerando principalmente as classes de renda mais baixa. Em outras palavras, incidindo a tributação sobre o consumo, o esforço dos pobres

---

[89] A propósito, reportagem do "JORNAL O GLOBO". (O GLOBO. *Reforma Tributária prevê cobrar imposto da economia informal*. 31 mar. 2019. Disponível em: https://oglobo.globo.com/economia/reforma-tributaria-preve-cobrar-imposto-da-economia-informal-23564066. Acesso em 02 mai. 2019).

[90] Nesse sentido, leia-se a seguinte notícia do "G1". (MARTELLO, Alexandro. Reforma Tributária: proposta do governo prevê imposto eletrônico sobre pagamentos. *G1*, Brasília, abr. 2019. Disponível em: https://g1.globo.com/economia/noticia/2019/04/04/reforma-tributaria-proposta-do-governo-preve-imposto-eletronico-sobre-pagamentos.ghtml. Acesso em 02 mai. 2019).

para pagar os seus impostos é muito maior que o dos ricos. O sistema inverso e desejável ocorre justamente quando a alternativa é por um sistema tributário progressivo, incidindo o imposto mais sobre o patrimônio e a renda.[91]

Em palestra proferida em conceituada instituição de ensino paulista no ano de 2019, o então Ministro Presidente do Supremo Tribunal Federal, Dias Toffoli, manifestou grande preocupação com o futuro da justiça, asseverando a necessidade da reforma da previdência e da adequação do sistema tributário, com vistas à redução da quantidade de litígios em matéria tributária, inclusive aqueles tramitando perante a Corte Suprema.

Por oportuno, é importante citar os seguintes trechos da reportagem sobre a aula ministrada pelo atual Ministro Presidente do STF:

> Precisamos adequar a nossa Previdência, adequar o nosso sistema tributário e precisamos de menos texto na Constituição.
>
> [...]
>
> A nossa Constituição detalha todo um Código Tributário. Com tanto texto na Constituição, tudo vai parar no Supremo. Até o valor do frete do caminhoneiro.
>
> [...]
>
> Segundo Toffoli, após um levantamento, foi constatado 1 trilhão em litígios em matérias tributárias. "Essa é uma estatística fora do padrão de um país em desenvolvimento. A CF detalha um verdadeiro código tributário, a nossa CF permite que tudo vá para o Supremo", explicou.[92]

Concluímos que as reformas da previdência e tributária, embora controvertidas em muitos pontos, são necessárias à equalização na distribuição de renda e à recuperação da capacidade de arrecadação dos entes públicos. E essas providências, na nossa concepção, seriam o primeiro passo para a implementação de um sistema arrecadatório mais eficiente.

---

[91] MACHADO, Carlos Henrique; BALTHAZAR, Ubaldo Cesar. A Reforma Tributária como instrumento de efetivação da justiça: uma abordagem histórica. *Seqüência*, Florianópolis, n. 77, p. 221-252, nov. 2017. Disponível em: http://www.scielo.br/pdf/seq/n77/2177-7055-seq-77-221.pdf. Acesso em 28 abr. 2019.

[92] Reportagem no site do Consultor Jurídico. (COELHO, Gabriela. Constituição Federal precisa de menos texto, defende ministro Dias Toffoli. *Consultor Jurídico*, mar. 2019. Disponível em: https://www.conjur.com.br/2019-mar-29/constituicao-texto-defende-ministro-dias-toffoli. Acesso em 30 abr. 2019).

3.2 A utilização dos diálogos institucionais como instrumentos de pacificação das relações entre os poderes instituídos e os seus reflexos na ordem tributária

A expressão "diálogos institucionais" tem origem no direito canadense, em especial na Carta de Direitos e Liberdades (1982), bem como no caso *R v. Oakes* (1986), decidido pela Suprema Corte do Canadá, que estabeleceu o famoso teste de *Oakes*, uma análise da cláusula de limitações (Seção 1) da Carta Canadense de Direitos e Liberdades, que permite limitações razoáveis sobre direitos e liberdades através da legislação, se esta puder ser "comprovadamente justificada numa sociedade livre e democrática".[93]

Em termos gerais, os diálogos institucionais se referem a interações produtivas entre os poderes – principalmente quando o Poder Judiciário tem a palavra final sobre o assunto –, nas quais eles deverão trocar argumentos racionais, se abstendo de decidir sobre as matérias de que outras instituições têm mais capacidade e/ou legitimidade para conhecer.

Ao promover essa deliberação propositiva, todos os poderes são beneficiados, sanando os problemas nos seus fluxos e provocando soluções, evitando-se, assim, a ideia da afirmação de uma supremacia judicial (ativismo).

Nesse sentido, entendemos que os diálogos institucionais são decorrentes do Estado Democrático de Direito, uma vez que tal *"conversa"* entre os poderes somente é possível em ambientes democráticos.

Para Bautep:

> A ideia de diálogos institucionais ou deliberação dialogada enfatiza que o Judiciário não será detentor do monopólio na interpretação constitucional e, portanto, as decisões constitucionais devem ser produzidas por um processo de elaboração compartilhada entre o poder Judiciário e outros atores constitucionais. As teorias do diálogo oferecem uma forma alternativa de preencher a lacuna de legitimidade democrática, superando a dificuldade contramajoritária do Judiciário.

---

[93] WIKIPEDIA. *R v Oakes*. Disponível em: https://en.wikipedia.org/wiki/R_v_Oakes. Acesso em 25 abr. 2019.

Por esse motivo, essa teoria vem ganhando espaço principalmente no que diz respeito à discussão da legitimidade democrática associada à revisão judicial.[94]

No mesmo sentido, Souza Neto e Sarmento, para quem:

> Uma decisão do STF é, certamente, um elemento de grande relevância no diálogo sobre o sentido de uma norma constitucional, mas não tem o condão de encerrar o debate sobre uma controvérsia que seja verdadeiramente importante para a sociedade. Sob o ângulo prescritivo, não é salutar atribuir a um órgão qualquer a prerrogativa de dar a última palavra sobre o sentido da Constituição. Definitivamente, a Constituição não é o que o Supremo diz que ela é [...] Aliás, nas ações judiciais em geral, é realmente indispensável que haja uma última palavra pondo fim ao litígio, sob pena de se comprometer uma das finalidades essenciais do processo, que é resolver os conflitos intersubjetivos, trazendo segurança jurídica e pacificação social. Mas a interpretação constitucional não se encerra com o término de um processo judicial [...] Se a disputa for de fato muito relevante, é pouco provável que uma decisão judicial baste para colocar uma pá de cal no assunto, aquietando os grupos perdedores e os setores da opinião pública que o apoiam.[95]

Para Victor,[96] conforme sustentado na sua tese de doutorado defendida na Universidade de São Paulo, os diálogos institucionais, embora ainda não tenham sido efetivamente implementados na legislação do Brasil, ocorrem com muita frequência na prática, sendo comum que o Poder Judiciário, ao entender afrontada a sua autoridade e sua competência funcional, declare inconstitucionais leis editadas pelo Poder Legislativo.

É importante, no ponto, a transcrição do excerto da tese do autor no que tange à ocorrência de diálogos institucionais entre os poderes no Brasil e nos Estados Unidos da América, a título de comparação, sendo destaque a parte final do texto ora transcrito, que traz a característica da publicidade como fator influenciador dos conflitos entre os Poderes:

---

[94] BATEUP, Christine A. The dialogue promise: assessing the normative potential of theories of constitutional dialogue. *Brooklyn Law Review*, v. 71, p. 1, 2006.

[95] NETO, Cláudio Pereira de Souza; SARMENTO, Daniel. *Direito Constitucional*: teoria, história e métodos de trabalho. Belo Horizonte: Fórum, 2012. p. 402-404.

[96] VICTOR, Sérgio Antônio Ferreira. *Diálogo institucional, democracia e estado de direito: o debate entre o Supremo Tribunal Federal e o Congresso Nacional sobre a interpretação da Constituição*. Tese de doutorado defendida perante a Universidade de São Paulo, 2013. p. 168-169. Disponível em: www.teses.usp.br/teses/disponiveis/.../Sergio_Antonio_Ferreira_Victor_Tese_2013.pdf. Acesso em 01 jun. 2019.

Nos Estados Unidos e no Brasil, países em que o diálogo não foi institucionalizado, ele, não obstante, acontece. E não se pode afirmar que são poucas as possibilidades de diálogo tampouco que sejam similares. São casos diversos e interessantes.

[...]

Nos Estados Unidos, a Suprema Corte, ao decidir o caso *Employment Division, Department of Human Rosources Of Oregon v. Smith*, reformou decisão de Corte Estadual que havia determinado a concessão de seguro desemprego a funcionários demitidos em razão do uso de *peiote* em cerimônias religiosas, sob o fundamento que a lei vedava o uso dessa substância. Trata-se de uma planta, possivelmente de origem mexicana, que possui propriedades alucinógenas. A Corte, por maioria, decidiu que a liberdade religiosa não poderia impedir a aplicação de leis gerais e abstratas, neutras (que proíbem o uso de drogas), que são de aplicação, portanto, indiscriminada.

Justice Scalia, o redator da decisão, salientava que fosse de outra forma ter-se-ia que abrir exceções para cada grupo religioso na aplicação de cada lei do país, o que colocaria em risco a estabilidade e tangenciaria a anarquia. Por essa razão, o controle de constitucionalidade de leis gerais restritivas da liberdade religiosa não precisava submeter-se ao escrutínio estrito, que exige a adoção pela Corte da medida menos restritiva entre as igualmente capazes de atingir o interesse público cogente, nos moldes do princípio da proporcionalidade estrita no direito brasileiro. A *Justice O'Connor* manifestou seu voto divergente e a polarização a partir daí foi enorme em vários setores da sociedade e do governo.

Em resposta, o Poder Legislativo editou o *Religious Freedom Restoration Act* (RFRA), que expressamente reverteu a decisão da Suprema Corte em Smith, ao determinar que as leis gerais restritivas à liberdade religiosa fossem submetidas ao escrutínio judicial estrito. No caso seguinte, *City of Boerne v. Flores*, quando a questão novamente se colocou perante a Corte, esta declarou a institucionalidade do *Restoration Act* (RFRA), sob o fundamento de que a lei teria violado a decisão anterior da Corte, representando tentativa de corrigir a autorizada interpretação da Suprema Corte.

No caso brasileiro, aconteceu algo semelhante. O Supremo Tribunal Federal havia editado a Súmula nº 394, que estendia o foro por prerrogativa de função para o julgamento de processos criminais contra ex-detentores de cargos públicos, relativamente aos atos praticados no exercício da antiga função. Na ADI nº 2860, todavia, o Supremo, sem que houvesse alteração de texto, declarou inconstitucional aquele entendimento e passou a rejeitar o foro por prerrogativa de função de todos os ex-funcionários.

No final de 2002, foi aprovada a Lei nº 10.618, que novamente estendia a prerrogativa de foro relativamente aos atos administrativos do agente, nos termos do voto vencido do Min. Sepúlveda Pertence na assentada que cancelou a Súmula. Essa nova lei foi impugnada por meio da ADI nº 2797, ocasião em que o STF declarou a inconstitucionalidade da lei, por maioria de votos, registrando que uma lei não poderia dirigir-se a superar uma interpretação constitucional da Corte sob pena de inconstitucionalidade, inclusive formal. Mesmo o Min. Sepúlveda Pertence, que no mérito concordava com a legislação, votou nesse sentido e, como relator, fundamentou a inconstitucionalidade formal da lei que revia uma interpretação da Corte. O Min. Gilmar Mendes objetou que era papel do Legislativo editar leis e que aquele poder, ao fazê-lo, também interpretava a Constituição, mas ficou vencido.

Note-se que tanto nos Estados Unidos como no Brasil, a depender do caso, as Supremas Cortes reagem contra as investidas do Legislativo corporativamente. A reação está bastante relacionada ao fenômeno que ficou conhecido como leis *in your face*. Quando o legislador edita lei assim entendida pelo judiciário, a tendência deste último é reagir. Mas em tantos outros casos, as revisões legislativas acontecem sem grandes alardes, de modo que a intensidade do conflito entre poderes depende da publicidade ao caso.

No âmbito do direito tributário, em especial na arrecadação de tributos, a utilização dos diálogos institucionais serve como um instrumento pacificador das controvérsias envolvendo as grandes questões tributárias, uma vez que os poderes constituídos caminham conjuntamente na construção de soluções propositivas, aperfeiçoando, legalmente, o arcabouço no qual se estão construindo as novas formas de arrecadação tributária e a desjudicialização, demonstrando, a invés de um ambiente de disputas e embates, uma complementação de atuações de acordo com as capacidades institucionais respectivas.

Nesse sentido, por exemplo, sabe-se que a criação e a implementação de métodos alternativos à cobrança dos créditos tributários, na grande maioria das vezes, dependem de previsão legislativa, não bastando a vontade unilateral do Poder Executivo.

Do mesmo modo, o Poder Judiciário, ao se conscientizar, com base na utilização dos diálogos institucionais, da necessidade cada vez maior de se preocupar com os temas realmente relevantes socialmente, atuaria cada vez menos em sede de arrecadação tributária, em especial na execução fiscal.

Como bem ressaltam Cruz e Vasconcellos Neto:

A busca incessante de uma maior efetividade dos direitos individuais e sociais; o respeito incondicional à dignidade dos contribuintes; a otimização qualitativa dos gastos e investimentos públicos; o combate intransigente à corrupção, ao nepotismo e ao corporativismo, *assim como a permanente abertura para uma gestão dialógica e participativa* da administração e jurisdição fiscais são medidas cada vez mais urgentes e necessárias.[97]

Ademais, mesmo no interior dos poderes constituídos cuja decisão dependa do voto da maioria dos seus membros, os diálogos também são essenciais no sentido de dar efetividade e consensualidade interna, entre os membros do próprio poder, ao que for decidido.

A título de exemplo, de acordo com estudo feito por Oliveira no ano de 2012, apesar de serem mais comuns as decisões monocráticas e unânimes no seio da jurisprudência do Supremo Tribunal Federal, não é incomum a formação de coalizões temporárias na Suprema Corte, principalmente em questões atinentes a assuntos de relevo nacional, dentre os quais os econômico-tributários:

> Apesar da elevada proporção de decisões unânimes e monocráticas encontradas no STF no período considerado, há a formação de coalizões temporárias e `panelinhas` no Tribunal.
>
> O grão de coesão do Supremo é maior na medida em que aumenta a proporção de juízes de carreira presentes na composição, mas diminui quando se trata de decidir questões de relevo nacional (políticas públicas oriundas de governo federal). O mesmo acontece quando se trata de assuntos ligados à sociedade civil e a políticas econômico-tributárias, se comparados a temas ligados à administração pública).[98]

Conclui-se, no ponto, ser fundamental a existência dos diálogos institucionais entre os poderes também nas questões afetas ao direito tributário, permitindo a abertura de um campo fértil para a desjudicialização e para a otimização das formas da arrecadação tributária.

---

[97] CRUZ, Álvaro Ricardo de Souza; VASCONCELLOS NETO, Alfredo Bento de. Deontologia constitucional e efetividade dos direitos humanos: reflexões sobre a tributação no paradigma democrático. *Revista da Procuradoria-Geral do Município de Belo Horizonte – RPGMBH*, Belo Horizonte. n. 4. p. 11-55. jul./dez. 2009. p. 50.

[98] OLIVEIRA, Fabiana Luci. Processo Decisório no Supremo Tribunal Federal: coalizões e 'panelinhas'. *Revista de sociologia e política*, Curitiba, v. 20, n. 44, p. 139-159, nov. 2012.

3.3 Conciliação, mediação e arbitragem e sua aplicabilidade na execução fiscal

De início, para fins de contextualização, cumpre diferenciar os institutos da conciliação, da mediação e da arbitragem.

Na *conciliação*, há a solução do conflito por autocomposição, mediante atuação de um conciliador, sendo que, em geral, não há vínculo anterior entre as partes, e o conciliador apresenta propostas e sugere soluções, analisando aspectos objetivos do conflito.

O acordo obtido na conciliação gera título executivo extrajudicial, sendo necessária a homologação do juiz para convolar o título em judicial (cf. os artigos 515, II e III, e 784, IV, do CPC de 2015).

Na *mediação*, também há a solução do conflito por autocomposição, porém, mediante a atuação do mediador, havendo, em geral, vínculo anterior entre as partes (*vg.* ações de família).

Nela, o mediador analisa aspectos subjetivos (emoções) no conflito e estimula as partes a encontrarem a melhor solução, sendo que o acordo gera título executivo extrajudicial, havendo a necessidade de homologação do juiz para convolar o título em judicial (cf. os artigos 515, II e III, e 784, IV, do CPC de 2015).

Tanto a conciliação quanto a mediação possuem por objeto direitos disponíveis ou direitos indisponíveis que admitam transação, valendo ressaltar, no entanto, que o consenso das partes envolvendo direitos indisponíveis, mas transigíveis, deve ser homologado em juízo, sendo exigida a oitiva do Ministério Público (cf. o §2º do art. 3º da Lei nº 13.140/2015 – "Lei de Mediação").

Na *arbitragem*, por seu turno, ocorre a solução do conflito por heterocomposição e a decisão do litígio é delegada pelas partes à pessoa neutra e imparcial, chamada árbitro, resultando em título executivo judicial (cf. o art. 515, VII, do CPC), que independe de homologação judicial.

No ponto, Streck nos leciona que a natureza jurídica da arbitragem é jurisdicional, uma vez que suas decisões não atacáveis por ação anulatória fazem coisa julgada material, soberana e independente de homologação judicial, consistindo em título executivo judicial:

> A sentença arbitral é título executivo judicial. As sentenças arbitrais estrangeiras podem ser reconhecidas e executadas. A sentença arbitral torna-se imutável e indiscutível pela coisa julgada material. Poderá

ser invalidada, mas, decorrido o prazo de noventa dias para a ação anulatória, a coisa julgada torna-se soberana. Exatamente por causa disso tudo, a arbitragem ostenta natureza jurisdicional. Trata-se de jurisdição exercida por particulares, com autorização do Estado e em decorrência do exercício fundamental de autorregramento da vontade.[99]

Ainda no tocante à arbitragem, veja-se que a legislação do CPC de 2015 passou a utilizar a expressão "convenção de arbitragem" no sentido abrangente de "cláusula arbitral" e de "compromisso arbitral", aplicando o mesmo regime jurídico a ambos (cf. os artigos 260, §3º, e 485, VII), desaparecendo, na prática, a sua clássica diferenciação doutrinária.

Além do atual CPC, há diplomas legislativos específicos a tratarem da mediação (cf. a Lei nº 13.140, de 26 de junho de 2015) e da arbitragem (cf. a Lei nº 9.307, de 23.09.1996, alterada pela Lei nº 13.129, de 26 de maio de 2015).

Expostos os conceitos iniciais supra e partindo para o âmbito do direito tributário, sabemos que nessa ciência jurídica vigora o princípio da legalidade estrita, bem como que os bens jurídicos tutelados (tributos) são, em tese, indisponíveis, o que poderia ensejar, em um primeiro momento, a ideia de que os institutos da conciliação, da mediação e da arbitragem seriam incompatíveis com essa ciência jurídica.

A propósito, observe-se que, nos termos do artigo 334 do CPC de 2015, a audiência de conciliação ou de mediação poderá se operar somente quanto a direitos passíveis de autocomposição (cf. o parágrafo 4º, inciso II).

Na mesma linha, o artigo 190 do CPC de 2015 permite a realização do negócio jurídico processual pelas partes, que podem estimular mudanças no procedimento para ajustá-lo às especificidades da causa, desde que o direito em disputa seja passível de autocomposição.

Por sua vez, a lei de arbitragem também passou a prever, após as alterações da Lei nº 13.129/2015, no seu art. 1º, §1º, que a Administração Pública direta e indireta poderá utilizar-se da arbitragem para dirimir conflitos relativos a direitos patrimoniais disponíveis.

Verificamos, assim, que os principais argumentos levantados na comunidade jurídica e contrários à adoção da arbitragem em matéria

---

[99] STRECK, Lenio Luiz *et al.* (Org.). *Comentários ao Código de Processo Civil*. São Paulo: Saraiva, 2016. p. 29.

tributária no Brasil podem ser assim sintetizados, conforme estudo realizado por Bezerra Neto:[100]

a) o crédito tributário não se inclui entre os "direitos patrimoniais disponíveis", conforme previsto no artigo 1º, §1º, da Lei nº 9.307/96;

b) a arbitragem implica na violação do princípio da estrita legalidade e do comando legal que determina sua cobrança através de atividade plenamente vinculada, ou seja, sem qualquer margem de discricionariedade;

c) a submissão de uma demanda fiscal ao método privado de resolução de conflitos importa na negação e na renúncia da jurisdição estatal;

d) a ausência de previsão legal específica, não sendo suficiente o permissivo genérico constante do art. 1º, §2º, da Lei nº 9.307/96;

e) a ausência de qualquer interesse público nesse tipo de resolução de conflitos.

f) a existência do procedimento administrativo da consulta (Decreto nº 70.235/72), para auxiliar o contribuinte no cumprimento de suas obrigações tributárias, principal e acessórias;

g) a existência de tribunais administrativos altamente especializados no âmbito da União, bem como de alguns estados e municípios, a exemplo do Conselho Administrativo de Recursos Fiscais (Decreto nº 70.235/72), que conta com julgadores integrantes do Ministério da Fazenda, mas também com julgadores representantes dos contribuintes, geralmente indicados entre profissionais experientes e especializados na temática;

h) sendo a receita proveniente da tributação a principal fonte de renda do Estado, bem como instrumento de redução das desigualdades sociais e regionais, a relação jurídica tributária e suas controvérsias é sensível sob o aspecto político, porque possui repercussão em todas as políticas públicas estatais.

Sob essa mesma perspectiva, Machado já se posicionou pela impossibilidade de utilização da arbitragem no âmbito tributário, aduzindo que:

---

[100] BEZERRA NETO, Bianor Arruda. *Não há óbice normativo que impeça arbitragem em matéria tributária*. Conselho Nacional das Instituições de Mediação e Arbitragem – CONIMA. Disponível em: http://www.conima.org.br/arquivos/16370. Acesso em 05 jun. 2019.

A arbitragem não se mostra adequada para a solução de conflitos na relação tributária. Embora se possa considerar que o direito do contribuinte, de somente ser compelido a pagar o tributo legalmente devido, é um direito disponível e de natureza patrimonial, não se pode esquecer que o direito da Fazenda de arrecadar o tributo é um direito indisponível, pelo menos quando como tal se considere o direito do qual o agente estatal não pode abrir mão, a não ser em condições excepcionais e pela forma especialmente para esse fim estabelecida.[101]

Entretanto, apesar dos entraves mencionados, diversos doutrinadores, tal como Giannetti,[102] são amplamente favoráveis à utilização da arbitragem no âmbito tributário, citando o sucesso do modelo arbitral de Portugal, em vigor desde 2011, autorizado pelo Decreto-Lei nº 10/2011, pela Portaria nº 112-A/2011 e pela Lei nº 63, de 14 de dezembro de 2011.

De acordo com tal concepção, seria possível não só o cabimento, como também a pertinência da arbitragem tributária no Brasil, uma vez que não haveria conflito desse modelo com o princípio da indisponibilidade do crédito tributário.

Na espécie, é importante fazer referência quanto ao decidido pelo Supremo Tribunal Federal nos autos do Recurso Especial nº 253.885/2002,[103] relatora a Ministra Ellen Gracie:

> Em regra, os bens e o interesse público são indisponíveis, porque pertencem à coletividade. É, por isso, o Administrador, mero gestor da coisa pública, não tendo disponibilidade sobre os interesses confiados à sua guarda e realização. *Todavia, há casos em que o princípio da indisponibilidade do interesse público deve ser atenuado, mormente quando se tem em vista que a solução adotada pela Administração é a que melhor atenderá à ultimação deste interesse.* (Grifei).

---

[101] MACHADO, Hugo de Brito. Transação e arbitragem no âmbito tributário. *In*: GUIMARÃES, Vasco Branco; SARAIVA FILHO, Oswaldo Othon de Pontes (Orgs.). *Transação e arbitragem no âmbito tributário*. Belo Horizonte: Fórum, 2008.

[102] GIANNETTI, Leonardo Varella. *Arbitragem no direito tributário brasileiro*: possibilidade e procedimentos. 2017, 390 f. Tese (Doutorado). Programa de Pós-Graduação em Direito, Pontifícia Universidade Católica de Minas Gerais, Belo Horizonte. 2017. Disponível em: http://www.biblioteca.pucminas.br/teses/Direito_GiannettiLVa_1.pdf. Acesso em 27 abr. 2019.

[103] BRASIL. Supremo Tribunal Federal. *Recurso Especial nº 253.885/2002*, relatora a Ministra Ellen Gracie. Disponível em: *www.stf.jus.br*. Pesquisa de jurisprudência. Acesso em 27 abr. 2019.

No ponto, ressalte-se que a arbitragem não implica negociação de direitos indisponíveis, já que se trata de resolução alternativa da controvérsia por meio de julgamento definitivo por **árbitro, ou seja, não há** que se falar em transação ou conciliação a ser simplesmente levada à homologação de juiz ou tribunal (câmara arbitral) particular que goze da confiança de ambas as partes.

Os demais argumentos – com exceção da ausência de previsão legal específica, que será visto a seguir – cedem ante às diversas vantagens da utilização da arbitragem, tais como imparcialidade dos árbitros, celeridade e irrecorribilidade de suas decisões, força executiva semelhante à de um título executivo judicial e, sobretudo, em razão de haver um julgamento preponderantemente técnico, ou seja, conduzido por alguém que é profundo conhecedor da matéria sob discussão.

Importante consignar, outrossim, que Grupenmacher, também entusiasta da utilização da arbitragem tributária, cita a seguinte recomendação aos países-membros, emanada da "XXI Jornada Latino-americana de Direito Tributário do ILADT" (Instituto Latino-americano de Direito Tributário): "A expedição de normas em que se estabeleçam meios alternativos de solução de controvérsias em matéria tributária e particularmente a arbitragem tanto no ordenamento interno como no internacional".[104]

Logo, além de admissível, a arbitragem é preferível ao sistema judicial, a uma, porque não é incompatível com o modelo de indisponibilidade do crédito tributário, e, a duas, porque traz mais agilidade e segurança ao sistema como um todo.

Contudo, na prática, a implementação da arbitragem em matéria tributária depende da edição de leis futuras e específicas dos entes públicos competentes, eis que as normas previstas na Lei nº 9.307/96, mesmo com as alterações da Lei nº 13.129/15, ainda não são suficientes para permitir a plena instauração da arbitragem em matéria tributária.

Sobre essa problemática, novamente nos socorremos às lições de Bezerra Neto:

> Ausência de previsão legal, não sendo suficiente o permissivo genérico constante do artigo 1º, §2º, da Lei nº 9.307/96: esse argumento, ao contrário dos anteriores, como pode ser deduzido do quanto já posto acima, é procedente. Deveras, as normas previstas na Lei nº 9.307/96,

---

[104] GRUPENMACHER, Betina Treiger. *Arbitragem em matéria tributária*. Disponível em: https://direitosp.fgv.br/sites/direitosp.fgv.br/files/arquivos/1fgv._arbitragem-segunda_mesa.pdf. Acesso em 29 abr. 2019.

mesmo com as alterações da Lei nº 13.129/15, ainda não **são** suficientes para permitir a instauração da arbitragem em matéria tributária. Primeiro, porque, como se trata de mecanismo que conduz à extinção do crédito tributário, bem assim que provoca alteração da obrigação tributária, surge a necessidade de mudança do CTN (artigos 97 e 156), lei ordinária que possui "status" de lei complementar, de maneira que imperiosa a edição de lei complementar para tratar do tema, nos termos em que determina o artigo 146 da Constituição da República. Em segundo lugar, há a necessidade (i) da fixação de diversos limites para o julgamento por juiz ou tribunal particular (câmara arbitral), a exemplo da já mencionada vedação de julgamento por equidade, (ii) da imposição de respeito aos precedentes, bem como aos tratados e convenções internacionais, (iii) da proibição de decisões com repercussão em outras entidades tributantes não adeptas do método, (iv) da proibição de repercussão em políticas públicas relacionadas ao combate das desigualdades sociais e regionais, (v) da proibição de desconstituição de atos praticados pelo Estado no uso do seu poder de polícia, bem como daqueles com repercussão criminal entre outros.[105]

A mediação e a conciliação, por sua vez, podem ser meios adequados para a resolução de conflitos na ordem tributária e nas execuções fiscais, desde que haja, concomitantemente à sua adoção, uma verdadeira mudança cultural e comportamental das partes envolvidas, ou seja, Fisco e contribuintes devem acreditar e estar dispostos ao debate e ao diálogo efetivo, num ambiente onde sejam possíveis mútuas concessões.

Nesse sentido, Colares, para o qual é perfeitamente possível e viável a utilização da mediação e da conciliação no âmbito da execução fiscal, tanto sob o prisma do interesse público, quanto sob o fundamento da eficiência arrecadatória:

> Assim, a Fazenda Pública pode exercer sua capacidade negocial sem que isso venha a caracterizar prejuízos ao interesse público, bastando que se movimente dentro dos limites constitucionalmente estabelecidos: legalidade, isonomia, impessoalidade etc.
>
> [...] A título de exemplo, deve-se garantir que as concessões feitas em uma determinada mediação ou conciliação sejam estendidas aos casos análogos sempre que as partes demonstrem interesse, ou seja, o que no art. 35 da Lei nº 13.140/15 é denominado de transação por adesão.

---

[105] BEZERRA NETO, Bianor Arruda. *Não há óbice normativo que impeça arbitragem em matéria tributária*. Conselho Nacional das Instituições de Mediação e Arbitragem – CONIMA. Disponível em: http://www.conima.org.br/arquivos/16370. Acesso em 05 jun. 2019.

Isso é viabilizado por intermédio da publicação de ato normativo administrativo, onde as condições do acertamento são divulgadas, garantindo-se, por essa via, a isonomia e a impessoalidade.

Sob o prisma do interesse público, deve-se considerar o elevadíssimo percentual de frustração das execuções fiscais que segundo o CNJ, atinge 91% (noventa e um por cento).

Não se pode ainda deixar de registrar que, no Estado do Ceará, a PGE está autorizada a não executar créditos de natureza tributária ou não tributária de devedores cujo valor consolidado não ultrapasse o valor equivalente a 60 (sessenta) salários-mínimos, ou seja, R$56.220,00 (cinquenta e seis mil, duzentos e vinte reais) e créditos de igual natureza cujo valor individual (não consolidado) não ultrapasse o equivalente a 10 (dez) salários-mínimos, ou seja, R$9.370,00 (nove mil, trezentos e setenta reais).

Para esses créditos de resgate improvável é perfeitamente possível estabelecer uma política de negociação diferenciada, que envolva devedor, Administração, advogados e contadores.[106]

Aliás, de acordo com o Ministro do Superior Tribunal de Justiça, Marcelo Navarro, o CPC de 2015 operou uma "ousadia legislativa", possibilitando a revolução cultural, no sentido de abrir portas à utilização da conciliação, da mediação e da arbitragem tributária:

O novo CPC "teve uma ousadia legislativa que não se via há muito tempo no processo civil" ao dar tanto peso a meios de resolução de conflitos como arbitragem, conciliação e mediação. Ao fazer isso, afirmou Navarro, a norma priorizou a resolução definitiva de um problema, o que não ocorre com a sentença, da qual se pode recorrer e é preciso executar.

E essa mudança de foco deverá beneficiar, e muito, o processo tributário, avaliou o magistrado. Caso o Fisco tente negociar com os contribuintes, apontou, a arrecadação aumentará, e os custos processuais cairão. Além disso, essa 'revolução cultural' ajudará a desafogar os tribunais, destacou Navarro.[107]

---

[106] COLARES, Daniel Quintas dos Santos. *A mediação e a conciliação como instrumentos de negociação no sistema tributário brasileiro*. Dissertação de Mestrado. Universidade de Fortaleza, 2017. Disponível em: https://uol.unifor.br/oul/conteudosite/F10663420180305174045 614700/Dissertacao.pdf. Acesso em 12 jun. 2019.

[107] RODAS, Sérgio. Arbitragem e conciliação revolucionarão processo tributário, diz Marcelo Navarro. *Revista Consultor Jurídico*, dez. 2016. Disponível em: https://www.conjur.com. br/2016-dez-09/conciliacao-revolucionara-processo-tributario-marcelo-navarro. Acesso em 25 abr. 2019.

Importante citar, ainda, o Enunciado nº 53, da "I Jornada de Prevenção e Solução Extrajudicial de Conflitos do Conselho da Justiça Federal" (CJF), publicado em 01.09.2016:

> Estimula-se a transação como alternativa válida do ponto de vista jurídico para tornar efetiva a justiça tributária, no âmbito administrativo e judicial, aprimorando a sistemática de prevenção e solução consensual dos conflitos tributários entre Administração Pública e administrados, ampliando, assim, a recuperação de receitas com maior brevidade e eficiência.[108]

É relevante fazer referência, outrossim, ao artigo 38, incisos e alíneas, da já referida Lei nº 13.140/2015 (Lei da mediação), que, admite, em tese, a medição envolvendo tributos administrados pela Secretaria da Receita Federal do Brasil e créditos inscritos em dívida ativa, embora tal dispositivo ainda dependa de regulamentação.

De acordo com a doutrina de Elias e Ruiz:

> Portanto, de forma alguma os princípios da indisponibilidade do interesse público, da legalidade estrita tributária e os demais princípios constitucionais que vinculam a Administração Pública, como a moralidade, impessoalidade e isonomia, impedem no Brasil a adoção de novos mecanismos de resolução de conflitos tributários. Nossa legislação, inclusive, já contempla o instituto da transação para extinção do crédito tributário, presumindo a existência de um litígio judicial que pode ser encerrado por um acordo legalmente autorizado, que consiste em concessões mútuas entre contribuinte e Administração Pública. Ou seja, a resolução do conflito fica a cargo das partes envolvidas (sujeito ativo e passivo da obrigação tributária).[109]

Szklarowsky também entende que não há óbice à utilização de meios alternativos ao Judiciário na solução de conflitos que versem sobre Direito Tributário, ressaltando que os princípios da indisponibilidade e da legalidade não constituem óbices à solução de eventuais dissídios tributários pela arbitragem ou por outro meio alternativo de conciliação:

---

[108] CONSELHO DA JUSTIÇA FEDERAL. *CJF publica integra dos 87 enunciados aprovados na I Jornada Prevenção e solução extrajudicial de litígios.* 2016. Disponível em: https://www.cjf. jus.br/cjf/noticias/2016-1/setembro/cjf-publica-integra-dos-87-enunciados-aprovados-na-i-jornada-prevencao-e-solucao-extrajudicial-de-litigios. Acesso em 25 abr. 2019.

[109] ELIAS, Cristiano; RUIZ, Priscila Pâmela. Desjudicialização da cobrança de tributos: a aplicação dos meios alternativos de resolução de conflitos no âmbito do processo tributário. *Revista da AJURIS – Porto Alegre*, v. 45, n. 145, p. 55-60, dez. 2018. p. 60.

O Direito Tributário nacional e internacional também sofre os reflexos desses novos tempos. As soluções dos conflitos que surgem, nesse campo, não podem mais ficar sujeitas à morosidade de demandas judiciais que se perdem, no tempo, e os princípios da indisponibilidade e da legalidade não constituem óbices à solução de eventuais dissídios, via arbitragem ou outro meio alternativo de conciliação. [...] A Constituição não proíbe a composição de conflitos, no âmbito da Administração, entre o Estado-fisco e o contribuinte. Muito ao contrário, estimula-a. Exemplo disso encontra-se no art. 150 da Carta Magna. Esta, no §6º, apenas exige que a isenção, a redução da base de cálculo, a anistia ou a remissão de tributos – impostos, taxas ou contribuições – se dêem, por meio de lei federal, estadual (distrital, no caso do Distrito Federal) ou municipal específica. [...] Sem dúvida, os princípios da legalidade e indisponibilidade dos créditos tributários harmonizam-se, de pronto, com as exigências do texto constitucional e do Código Tributário – lei complementar, que impõem sempre a autorização legal, para a composição administração tributária (Fisco) – contribuinte.[110]

Sendo assim, sob todos os prismas que se analise a questão, seja do ponto de vista da ausência de impedimento legal, ou ainda da maior celeridade, efetividade e segurança jurídica, concluímos ser possível, viável e preferível a utilização da conciliação, da mediação e da arbitragem no Direito Tributário e, consequentemente, na execução fiscal, desde que, por óbvio, sejam cumpridos os requisitos dos artigos 171 a 173 do Código Tributário Nacional – que prescrevem aos entes públicos a instituição de leis específicas, nos seus âmbitos de competência, acerca das hipóteses que admitam tais institutos, seus procedimentos e os tributos atingidos –, bem como modificações na própria lei de execuções fiscais no tocante ao procedimento.

A propósito, tramita no Congresso Nacional o Projeto de Lei Federal nº 5.082/2009, de autoria do Poder Executivo, que prevê um sistema nacional para solução, por meio de acordo, de disputas judiciais ou administrativas sobre questões tributárias entre contribuintes e o Fisco.

Ao apresentar essa proposta,[111] o objetivo do governo é agilizar a entrada de receitas tributárias e cumprir o 2º Pacto Republicano, que

---

[110] SZKLAROWSKY, Leon Frejda. Arbitragem na área tributária. *Revista Jus Navigandi*, Teresina, ano 13, n. 1727, 24 mar. 2008.

[111] Fonte: CÂMARA DOS DEPUTADOS. *Projeto sistematiza negociação de débitos com a Fazenda*. Jul. 2009. Disponível em: https://www2.camara.leg.br/camaranoticias/noticias/ADMINISTRACAO-PUBLICA/137791-PROJETO-SISTEMATIZA-NEGOCIACAO-DE-DEBITOS-COM-A-FAZENDA.html. Acesso em 19 jun. 2019.

prevê uma série de ações e propostas legislativas para tornar a Justiça mais eficiente e rápida.

Tal projeto de lei prevê quatro tipos de transação: a transação em processo judicial; a transação em insolvência civil, falência ou recuperação judicial; a transação por recuperação tributária; e a transação administrativa por adesão.

É prevista, ainda, no projeto, a criação da Câmara Geral de Transação e Conciliação da Fazenda Nacional (CGTC), órgão central do sistema nacional de transação e conciliação tributárias, que será vinculada à Procuradoria-Geral da Fazenda Nacional e presidida pelo chefe desta instituição ou por procurador da Fazenda Nacional por ele indicado, tendo dentre outras, a incumbência de editar resoluções e regulamentos a serem observados nos procedimentos previstos na futura lei, inclusive, sobre os requisitos, a forma e os parâmetros para a conclusão das transações.

O projeto, ainda em tramitação na Câmara dos Deputados, não possui previsão de análise e transformação em lei.

3.4 Os novos rumos da cobrança dos créditos tributários: as estratégias adotadas pela Fazenda Pública para a implementação de métodos de arrecadação e de fiscalização mais eficientes

A partir dos pilares relativos à desjudicialização, à adoção dos métodos alternativos de cobrança do crédito tributário e à necessidade de mais diálogo entre as instituições, o que se observa, atualmente, no âmbito das Administrações Públicas da União, dos Estados e dos Municípios, é a criação, cada vez maior, de Núcleos Especializados na cobrança da dívida tributária, nos quais os profissionais capacitados nesse assunto promovem estudos sobre o perfil dos devedores e sugerem as melhores estratégias, mormente administrativas e preventivas, para a fiscalização e a recuperação dos créditos, considerando tanto o seu valor quanto a viabilidade do seu recebimento.

Nesse sentido, plenamente consciente dos novos rumos da cobrança do crédito tributário, a Procuradoria-Geral da Fazenda Nacional editou a Portaria nº 396, de 20 de abril de 2016,[112] criando o Regime

---

[112] PROCURADORIA GERAL DA FAZENDA NACIONAL. Portaria nº 396, de 20 de abril de 2016. *Regulamenta, no âmbito da Procuradoria-Geral da Fazenda Nacional, o Regime Diferenciado*

Diferenciado de Cobrança de Créditos – RDCC, ou seja, um conjunto de medidas, administrativas ou judiciais, voltadas à otimização dos processos de trabalho relativos à cobrança da Dívida Ativa da União, observados os critérios de economicidade e racionalidade.

Com base na análise daquela portaria, em conjunto com o art. 40 da Lei nº 6.830/80, foi possível a suspensão das execuções fiscais cujo valor consolidado fosse igual ou inferior a um milhão de reais, desde que não constasse dos autos garantia útil à satisfação, integral ou parcial, do crédito executado.

Ainda em âmbito federal, destacamos a Portaria da Procuradoria Geral da Fazenda Nacional – PGFN nº 33, de 08 de fevereiro de 2018,[113] que regulamentou os arts. 20-B e 20-C da Lei nº 10.522, de 19 de julho de 2002 (com redação dada pela Lei Federal nº 13.606/18),[114] determinando o não ajuizamento de execuções fiscais quando houver, dentre outras hipóteses, dispensa por ato normativo no âmbito de Administração Pública – Súmula ou Parecer –, decisão vinculante do Supremo Tribunal Federal ou decisão do Superior Tribunal de Justiça proferida em sede de recurso especial repetitivo.

Lembrando ainda que, atualmente, o valor mínimo para o ajuizamento e a manutenção em juízo das execuções fiscais federais corresponde a R$20.000,00 (vinte mil reais), nos termos da Portaria nº 75/2012[115] do Ministério da Fazenda.

---

de Cobrança de Créditos – RDCC. Diário Oficial da União, 22 abr. 2016. Disponível em: http://www.pgfn.fazenda.gov.br/assuntos/divida-ativa-da-uniao/regime-diferenciado-de-cobranca-rdcc/portaria396_2016_1.pdf. Acesso em 25 abr. 2019.

[113] PROCURADORIA GERAL DA FAZENDA NACIONAL. Portaria PGFN nº 33, de 08 de fevereiro de 2018. Regulamenta os arts. 20-B e 20-C da Lei nº 10.522, de 19 de julho de 2002, e disciplina os procedimentos para o encaminhamento de débitos para fins de inscrição em dívida ativa da União, bem como estabelece os critérios para apresentação de pedidos de revisão de dívida inscrita, para oferta antecipada de bens e direitos à penhora e para o ajuizamento seletivo de execuções fiscais. *Diário Oficial da União*, 09 fev. 2018. Seção 1, p. 35. Disponível em: http://sijut2.receita.fazenda.gov.br/sijut2consulta/link.action?idAto=90028&visao=anotado. Acesso em 28 abr. 2019.

[114] BRASIL. Lei nº 13.606, de 9 de janeiro de 2018. Institui o Programa de Regularização Tributária Rural (PRR) na Secretaria da Receita Federal do Brasil e na Procuradoria-Geral da Fazenda Nacional; altera as Leis nºs 8.212, de 24 de julho de 1991, 8.870, de 15 de abril de 1994, 9.528, de 10 de dezembro de 1997, 13.340, de 28 de setembro de 2016, 10.522, de 19 de julho de 2002, 9.456, de 25 de abril de 1997, 13.001, de 20 de junho de 2014, 8.427, de 27 de maio de 1992, e 11.076, de 30 de dezembro de 2004, e o Decreto-Lei nº 2.848, de 7 de dezembro de 1940 (Código Penal); e dá outras providências. *Diário Oficial da União*, Brasília, 18 abr. 2018. Disponível em: http://www.planalto.gov.br/ccivil_03/_Ato2015-2018/2018/Lei/l13606.htm. Acesso em 15 jun. 2019.

[115] BRASIL. Receita Federal. Portaria MF nº 75, de 22 de março de 2012. Dispõe sobre a inscrição de débitos na Dívida Ativa da União e o ajuizamento de execuções fiscais pela

Merece referência, ainda, o artigo 25 da Lei Federal nº 13.606/18, que, atento aos princípios da efetividade e eficiência, estabelece um modelo para que a Fazenda Nacional possa localizar, previamente ao ajuizamento da execução fiscal, bens do devedor, além de prever expressamente que, caso não sejam localizados bens penhoráveis do devedor, a Procuradoria da Fazenda Nacional ficará dispensada de ajuizar a execução fiscal.

No Estado de São Paulo, por sua vez, foram tomadas diversas iniciativas de desjudicialização e de otimização da cobrança dos créditos tributários de menor valor, com respaldo na Lei estadual nº 14.272/2010,[116] alterada pela Lei estadual nº 16.498/2017, cujo artigo 1º estabelece competir ao Poder Executivo, por meio dos órgãos competentes da Procuradoria Geral do Estado, autorizar a não propositura de ações, inclusive execuções fiscais, assim como requerer a desistência das ajuizadas, para cobrança de débitos de natureza tributária ou não tributária, cujos valores atualizados não ultrapassem 1.200 UFESPs – Unidades Fiscais do Estado de São Paulo.

O dispositivo legal em questão foi regulamentado pela Resolução PGE/SP nº 21, de 23.08.2017 (publicada em 25.08.2017).[117]

Como atualmente cada UFESP corresponde a R$26,53 (vinte e seis reais e cinquenta e três centavos), o valor de dispensa atual e para todo o ano de 2019 será de R$31.836,00 (trinta e um mil, oitocentos e trinta e seis reais).

A medida tomada pelo Estado de São Paulo considerou um levantamento feito pela Procuradoria Geral do Estado, em conjunto com o Tribunal de Justiça do Estado de São Paulo, evidenciando que, nas mais de 400 (quatrocentas) Varas existentes no Estado, a capital paulista é a que concentra o maior volume de processos de cobrança, havendo aproximadamente 172 (cento e setenta e duas) mil execuções fiscais passíveis de desistência.

Procuradoria-Geral da Fazenda Nacional. *Diário Oficial da União*, Brasília, 22 mar. 2012. Disponível em: http://fazenda.gov.br/acesso-a-informacao/institucional/legislacao/porta rias-ministeriais/2012/portaria75. Acesso em 01 jun. 2019.

[116] ASSEMBLÉIA LEGISLATIVA DO ESTADO DE SÃO PAULO. Lei nº 14.272, de 20 de outubro de 2010. Autoriza o Poder Executivo, nas condições que especifica, a não propor ações ou desistir das ajuizadas e dá providências correlatas. *Diário Oficial da União*, São Paulo, 21 out. 2010. Disponível em: https://www.al.sp.gov.br/norma/160361. Acesso em 01 jun. 2019.

[117] PROCURADORIA GERAL DO ESTADO DE SÃO PAULO. *Resolução PGE/SP nº 21, de 23 de agosto de 2017*. 2017. Disponível em: https://www.jusbrasil.com.br/diarios/158268910/ dosp-executivo-caderno-1-25-08-2017-pg-68. Acesso em 27 abr. 2019.

Outros Estados, a exemplo de Minas Gerais, têm adotado medidas semelhantes: a propósito, veja-se artigo publicado em revista jurídica de circulação nacional, que noticiou, no ano de 2015, a autorização do Governo mineiro para a desistência das execuções fiscais cujo valor atualizado fosse de até R$35 (trinta e cinco) mil reais.[118]

Ademais, temos que os Estados de São Paulo,[119] Rio Grande do Sul, Rio de Janeiro e Minas Gerais, dentre outros, estão tomando medidas no sentido de autorizar o uso de precatórios como compensação no pagamento de débitos tributários.

Mais uma providência que tem sido adotada pelos Fiscos federal e estaduais é a classificação e a qualificação dos devedores, permitindo uma atuação mais otimizada da Administração Pública na recuperação dos créditos.

Nesse sentido, a Procuradoria-Geral da Fazenda Nacional, referência para a Advocacia Pública nacional em matéria tributária, participou da elaboração do Projeto de Lei Federal nº 1.646/2019,[120] que visa a fortalecer a cobrança da dívida ativa e o combate ao devedor contumaz que tenha utilizado de práticas ilícitas para burlar as obrigações tributárias.

Referido dispositivo legal, caso aprovado, passará a considerar como devedor contumaz aquele cujo comportamento fiscal se caracterize pela inadimplência substancial e reiterada de tributos, associada a alguma prática ilícita com o objetivo de burlar o pagamento de suas obrigações.

O documento considera como substancial e reiterada a existência de débitos de valor igual ou superior a R$15.000.000,00 (quinze milhões) de reais em nome do próprio devedor ou de pessoa integrante do grupo econômico ou familiar por mais de um ano.

Para o devedor caracterizado como contumaz, o projeto de lei prevê a aplicação de medidas administrativas, como o cancelamento do cadastro fiscal, no caso de pessoas jurídicas (CNPJ), e o impedimento para a concessão de benefícios fiscais por até dez anos, inclusive adesão a parcelamentos.

---

[118] REVISTA CONSULTOR JURÍDICO. *Minas Gerais vai desistir de ações de execução fiscal de até R$35 mil.* 18 mai. 2015. Disponível em: https://www.conjur.com.br/2015-mai-18/mg-desistir-acoes-execucao-fiscal-35-mil. Acesso em 28 abr. 2019.

[119] Nesse sentido, a Resolução nº 12, de 02.05.2018, da Procuradoria-Geral do Estado de São Paulo (PGE-SP). Fonte: DOE/SP de 04.05.2018. Acesso em 20.04.2019.

[120] PROCURADORIA GERAL DA FAZENDA NACIONAL (PGFN). *Projeto de Lei nº 1.646/2019.* Disponível em: http://www.pgfn.fazenda.gov.br/arquivos-destaques/previdencia_pgfn.pdf. Acesso em 25 abr. 2019.

A proposta permite ainda que a PGFN, com o intuito de recuperar créditos inscritos em dívida ativa da União, classificados no "rating" da Procuradoria como "irrecuperáveis" ("D") ou de "difícil recuperação" ("C"), possa oferecer condições diferenciadas para sua quitação, podendo conceder descontos de até 50% (cinquenta por cento) do valor total da dívida ou o parcelamento em até 60 (sessenta) meses.

O desconto só poderá ser fornecido em caso de inexistência de fraude e para créditos em cobrança pela Procuradoria-Geral há pelo menos 10 (dez) anos. O projeto prevê, ainda, que o desconto não poderá ser aplicado ao valor principal das dívidas, mas apenas aos encargos (juro, mora e multas). O desconto também não é aplicável a créditos específicos, como os do Simples Nacional e os do FGTS (Fundo de Garantia por Tempo de Serviço).

Com o intuito de qualificar a cobrança administrativa, o projeto de lei propõe ainda que seja permitida a contração de serviços, por processo licitatório ou de credenciamento, para auxiliar as atividades de cobrança administrativa, inclusive promovendo o contato com os devedores por telefone ou meios digitais.

O referido projeto de lei da PGFN prevê também a possibilidade de contratação de empresa especializada na gestão, guarda, transporte e alienação de bens que forem objeto de penhora judicial, e a ampliação do cabimento de cautela fiscal que objetiva evitar o esvaziamento patrimonial de devedor que põe ou tenta pôr bens em nome de terceiros, paralise suas atividades ou reduza patrimônio, com o objetivo de comprometer o crédito fiscal.

Na esteira dos procedimentos adotados no âmbito federal, o Estado de São Paulo criou, em fevereiro de 2016, o GAERFIS (Grupo de Atuação Especial para Recuperação Fiscal) da Procuradoria Geral do Estado, para atuar em casos de fraudes estruturadas envolvendo diversas empresas, a maioria em nome de "laranjas", numa intrincada teia societária.[121]

A partir da criação do GAERFIS, os Procuradores do Estado integrantes desse grupo passaram a fazer treinamentos com outros órgãos do governo federal e das comunidades de inteligência, sendo que, a partir de julho de 2017, esse grupo especializado passou a ter auxílio de

---

[121] PÁDUA, Luciano. O "big data" da PGE-SP para combater sonegadores profissionais: Procuradoria investe em "data science" e análise de redes para combater sonegação fiscal e qualificar devedores. *Revista Jurídica Jota*, São Paulo, 2019. Disponível em: https://www.jota.info/coberturas-especiais/inova-e-acao/pge-big-data-sonegadores-profissionais-22012019. Acesso em 26 abr. 2019.

empresas de "Big Data" (tecnologia da informação), que investem na análise de redes para combater a sonegação fiscal e qualificar devedores.

Para dar efetividade a esse objetivo, o Estado de São Paulo, por meio de licitação pública, contratou, em julho de 2017, uma empresa especializada em *Big Data*, por 4 (quatro) anos, renováveis por mais 4 (quatro), dispondo de mais de 3 (três) mil fontes públicas, com capacidade de mineração de dados e de cruzamento de informações da própria PGE, a partir da Dívida Ativa do Estado, em questão de segundos. Tal velocidade permite analisar com mais agilidade teias societárias que demorariam semanas ou meses para se desvelar, bem como faturamento, atividade econômica e contratações feitas por empresas, permitindo a tomada de providências administrativas ou judiciais preventivas.

Merece ser mencionada, finalmente, a criação, pela Procuradoria Geral do Estado de São Paulo, do projeto "devedores qualificados", autorizado pela Portaria SUBG/CTF 2, de 6.9.2018,[122] que instituiu o Grupo de Atuação dos Devedores Qualificados (DQ), no âmbito da Subprocuradoria Geral do Contencioso Tributário Fiscal (SUBCTF), tendo por objetivo aumentar a eficiência da atividade de recuperação do crédito inscrito, mediante o uso de técnicas alternativas e diferenciadas de cobrança judicial e extrajudicial.

Enfim, os novos rumos para a cobrança dos créditos tributários passam pelas vertentes da desjudicialização, da utilização dos métodos alternativos de solução de controvérsias, dos diálogos institucionais, da especialização, da atuação preventiva do Estado e da adoção de estratégias mais eficientes de arrecadação e de fiscalização, tudo isso somado a uma nova hipótese de execução fiscal semijudicial ou mista, a seguir apresentada.

3.5 O modelo de execução fiscal semijudicial (ou mista) e a viabilidade de sua utilização no Brasil

Como hipótese final do presente trabalho, após a análise de todas as alternativas viáveis para a cobrança da dívida tributária, dos modelos de execução fiscal presentes no mundo e das estratégias adotadas pelas

---

[122] PROCURADORIA GERAL DO ESTADO DE SÃO PAULO. *Projeto devedores qualificados.* Set. 2018. Disponível em: http://www.imprensaoficial.com.br/PortalIO/DO/GatewayPDF. aspx?link=/2018/executivo%20secao%20i/setembro/07/pag_0083_159c5c24cc88c16de2bf3 86828b06d5e.pdf. Acesso em 27 abr. 2018.

Fazendas Públicas, sugerimos a utilização do modelo semijudicial ou misto da execução fiscal, nos moldes empregados, por exemplo, no Chile – conforme citado nos primeiros tópicos desta obra –, no qual a judicialização ocorre somente caso o devedor apresente impugnação à cobrança administrativa pelo Fisco.

Justifica-se, de início, que a utilização do sistema administrativo puro de execução fiscal, embora estatisticamente[123] seja o mais eficiente em termos de recuperação dos créditos tributários em nível mundial, encontraria óbices praticamente intransponíveis no Brasil, principalmente decorrentes da forte resistência entre os juristas, os legisladores e a própria sociedade em geral – adaptada e culturalmente acostumada com a judicialização –, sendo, portanto, inviável a sua admissibilidade em nosso país, pelo menos em um primeiro momento.

Nada impede, contudo, que, em decorrência da evolução da sociedade e do sistema jurídico brasileiro, o Brasil, no futuro, se equipare aos modelos europeu e norte-americano, passando a adotar o sistema de execução fiscal unicamente administrativo.

Ao propor o presente modelo inovador, não fechamos os olhos para a existência de forte oposição de muitos doutrinadores à execução fiscal administrativa – mesmo que parcialmente –, a exemplo de Machado, para o qual a utilização desse novo modelo violaria diversos dispositivos da Constituição Federal em vigor, tais como o da separação de poderes, o da razoabilidade e o da isonomia, bem como direitos fundamentais dos contribuintes, a exemplo do direito à propriedade, à jurisdição, ao devido processo legal e ao contraditório e à ampla defesa:

6.1. Viola o princípio da separação de poderes, posto que atribui ao Executivo função típica do Judiciário, não podendo ser sequer objeto de emenda constitucional (CF/88, artigos 2º e 60, §4º, inciso III).

---

[123] Nesse sentido, o estudo realizado pela Consultoria Legislativa do Senado Federal, citado nos tópicos iniciais da presente obra, revelou que o nível de recuperação de créditos tributários nos países que adotam a execução fiscal puramente administrativa é muito maior do que nos países que se utilizam do Poder Judiciário para tal desiderato. Na França, por exemplo, "além da alta taxa de cumprimento espontâneo de obrigações fiscais, a taxa de recuperação de créditos pela Administração Fiscal foi de 63% em 2012, 74,5% em 2013 e 53,4% em 2014 (..) o que demonstra também a altíssima eficiência dos procedimentos de recuperação de créditos. (...) Na França, portanto, aliam-se uma alta taxa de recolhimento espontâneo de tributos com uma alta taxa de recuperabilidade de créditos mediante execução forçada". (QUEIROZ E SILVA, Jules Michelet Pereira. *Execução Fiscal*: eficiência e experiência comparada. Consultoria Legislativa do Senado Federal do Brasil. Estudo técnico julho/2016. Disponível em: https://www2.camara.leg. br/atividade-legislativa/estudos-e-notas-tecnicas/publicacoes-da-consultoria-legislativa/areas-da-conle/tema20/2016_12023_execucao-fiscal-eficiencia-e-experiencia-comparada_jules-michelet. Acesso em 19 jun. 2019).

6.2. Na medida em que atribui ao Poder Executivo, que já é titular do poder de constituir unilateralmente o crédito tributário, o poder de cobrar esse crédito coativamente viola flagrantemente direitos fundamentais do contribuinte, entre os quais: a) o direito à propriedade (CF/88, art. 5º, inciso XXII); b) o direito à jurisdição (CF/88, art. 5º, inciso XXXV); c) o direito ao devido processo legal (CF/88, art. 5º, inciso LIV); d) o direito ao contraditório e ampla defesa (CF/88, art. 5º,inciso LV).

6.3. Viola os princípios da razoabilidade e da isonomia, na medida em que entrega à Fazenda Pública, enquanto PARTE credora, que já tem o poder de constituir unilateralmente o seu título de crédito, o poder de constranger o devedor com a correspondente cobrança forçada, enquanto todos os demais credores (que só o são por título outorgado pelo devedor, ou constituído em juízo) dependem da execução judicial. Refuta-se, portanto, o falacioso argumento dos que defendem o anteprojeto em questão, de que o Judiciário não é cobrador. Na verdade, a participação do Judiciário na cobrança tem por fim evitar o arbítrio nesta se faz inevitável quando praticada pelo próprio credor, em verdadeira autotutela que significa um retorno aos primórdios da civilização.[124]

Soares de Melo possui entendimento nesse mesmo sentido, reforçando o papel do princípio republicano, que impõe a absoluta tripartição dos Poderes:

A execução do crédito tributário não pode ser promovida por autoridade diversa da jurisdicional, porque se estará violando o princípio constitucional republicano que impõe a absoluta tripartição dos Poderes. A competência do Executivo encontra-se adstrita à formação do crédito tributário, não podendo usurpar a competência do Judiciário para decidir (de modo independente e imparcial) os litígios entre a Fazenda Pública e as pessoas privadas, inclusive promovendo a constrição patrimonial de bens, mediante penhora, arresto, arrematação etc.[125]

Por fim, Navarro Coelho também defende fortemente a manutenção do modelo judicial das execuções fiscais, ao afirmar que o acesso ao Poder Judiciário é cláusula pétrea e garantia fundamental insculpida na Carta Magna, sendo assegurado o devido processo legal, tanto nos processos administrativos quanto na seara judicial:

---

[124] MACHADO, Hugo de Brito. *Execução Fiscal Administrativa – Sínteses dos argumentos utilizados na defesa do anteprojeto e da correspondente refutação.* Disponível em: http://www.abance.com.br/site/arquivos/jornal/200704_encarte.pdf. Acesso em 18 jun. 2019.

[125] MARTINS, Ives Gandra da Silva (Coord.). *Execução Fiscal.* São Paulo: Revista dos Tribunais e Centro de Extensão Universitária, 2008. p. 241.

O acesso ao Judiciário é garantia fundamental insculpida na Lei Maior, em seu art. 5º, XXXV. Outrossim, a Constituição predica que "ninguém será privado de seus bens sem o devido processo legal" (art. 5º., LIV). E por devido processo legal entende-se o processo administrativo e o judicial (esse último por decorrência lógica do art. 5º., XXXV). A transferência da função executiva fiscal para a autoridade administrativa, portanto, atenta contra cláusulas pétreas da Constituição e contra o próprio Poder Judiciário, que se verá impedido por lei (ainda que inconstitucional) de exercer parte da função que lhe foi incumbida pela Lei Maior.[126]

Dessa forma, a orientação de diversos doutrinadores, tais como os anteriormente transcritos, é no sentido da existência de diversos óbices de ordem constitucional para justificar a impossibilidade de a Fazenda Pública cobrar seus créditos administrativamente.

Entretanto, a despeito dos fortes argumentos supra, estamos convictos da plena possibilidade de compatibilizar um sistema de cobrança parcialmente extrajudicial com os princípios constitucionais em referência, proporcionando mais eficiência ao sistema de arrecadação tributária como um todo e seguindo uma tendência mundial.

No ponto, veja-se que os princípios da autotutela administrativa e da autoexecutoriedade dos atos administrativos é plenamente compatível com os princípios da separação dos poderes, do devido processo legal e da inafastabilidade do controle jurisdicional, garantindo que os agentes administrativos, cujos atos administrativos presumem-se legítimos no desempenho do seu mister e estão subordinados ao princípio da legalidade, mantenham intacta a segurança jurídica dos contribuintes.

Na verdade, deve ser observado que o princípio da separação de poderes não é absoluto, tampouco constitui um modelo único e universal, sendo permitido às nações, de acordo com suas experiências históricas, que produzam teorias próprias, já que os poderes constituídos, embora independentes, são harmônicos entre si, admitindo o compartilhamento recíproco de funções, como bem ressalta a doutrina de Justen Filho:

> Tome-se em conta que não existe uma única teoria da separação de Poderes, compartilhada igualmente por todos os países. A teoria da separação dos Poderes é adotada em quase todos os países, mas com

---

[126] MARTINS, Ives Gandra da Silva (Coord.). *Execução Fiscal*. São Paulo: Revista dos Tribunais e Centro de Extensão Universitária, 2008. p. 104.

configurações próprias e inconfundíveis. Ou seja, não há um modelo único de separação de Poderes, mas cada Estado produz uma teoria própria, que reflete sua experiência histórica. Por exemplo, a separação dos Poderes nos EUA é muito diferente daquela existente na França. E nenhuma delas é similar à brasileira. Mas todos os países compartilham uma experiência comum: a impossibilidade de separação absoluta de funções.[127]

Aliás, a doutrina de Becker também orienta que as garantias constitucionais, embora alcancem todo o processo, não o fazem de modo absoluto e indistintamente, adaptando-se às fases e especialidades dos procedimentos:

> Além disso, do mesmo modo que ocorre na execução fiscal judicial, a discussão acerca do crédito tributário formalizado, no âmbito da execução administrativa, também será, de ordinário, postergada, o que é natural na dinâmica de todo processo de execução de título extrajudicial, onde o contraditório, além de eventual, é, regra geral, posterior (exercido por meio de embargos). As garantias constitucionais, embora alcancem todo o processo, não o fazem de modo absoluto e indistintamente, adaptando-se às fases e especialidades dos procedimentos.[128]

Já o devido processo legal não é alcançado apenas em sede jurisdicional, também sendo uma garantia no âmbito administrativo, tendo em vista que em todo processo administrativo devem ser respeitadas as normas legais que o regulam, tais como o contraditório e a ampla defesa. De acordo com Carvalho Filho:

> DEVIDO PROCESSO LEGAL – O princípio do devido processo legal (*due process of law*) é daqueles mais relevantes quando se trata de examinar os efeitos da relação jurídica entre os Estado e os administrados. Trata-se de postulado inerente ao Estado de Direito, que, como sabemos, foi a situação política em que o Estado reconheceu que, se de um lado podia criar o direito, de outro tinha o dever de submeter-se a ele. A lei, portanto, é o limite de atuação de toda a sociedade e do próprio Estado.
>
> [...]

---

[127] JUSTEN FILHO, Marçal. *Curso de Direito Administrativo*. 4. ed. São Paulo: Ed. Saraiva, 2009. p. 26.

[128] BECKER, Laércio Alexandre. *Contratos bancários*: execuções especiais. São Paulo: Malheiros, 2002. p. 273.

CAPÍTULO 3
HIPÓTESES PARA A IMPLEMENTAÇÃO DE UM SISTEMA ARRECADATÓRIO MAIS EFICIENTE | 103

Em relação ao processo administrativo, o princípio do devido processo legal tem sentido claro: em todo o processo administrativo devem ser respeitadas as normas legais que o regulam.[129]

De acordo com os ensinamentos de Harada, que bem ressalta a confusão de muitos juristas envolvendo o devido processo legal, que comumente é equiparado a um mero procedimento legal:

> Hoje, até pessoas qualificadas confundem o "devido processo legal", que está no art. 5º, LIV da CF, com mero procedimento legal. Se a execução fiscal administrativa estiver regulada em lei em sentido estrito, todo o resto estaria perfeito. Aos prejudicados sempre restaria o acesso ao Judiciário, que exercitaria sua função típica se provocado.[130]

Melo Filho, ao afastar o argumento de violação ao devido processo legal como óbice à implementação da execução fiscal administrativa, fundamenta que tal garantia constitucional não pode servir de obstáculo retórico à evolução jurídica, não podendo ser suscitada sempre que se pretenda realizar uma alteração legislativa apta a romper um paradigma:

> Bem analisada, pois, a Constituição brasileira, e a amplitude do devido processo legal, pode-se concluir que este último acaba se tornando um obstáculo meramente retórico à execução fiscal administrativa: uma tentativa (até então, bem-sucedida) de se impedir uma mudança de paradigma processual (execução fiscal administrativa) por meio de uma figura jurídica de inegável força persuasiva (o "devido processo legal").
>
> Ocorre que o devido processo legal não pode servir de obstáculo retórico à evolução jurídica, não podendo ser suscitado sempre que se pretenda realizar uma alteração legislativa apta a romper um paradigma. O simples rompimento de um paradigma jurídico, por mais que este faça parte da tradição legislativa, não interfere, por si só, no devido processo legal – e tanto a implementação quanto o reconhecimento da compatibilidade constitucional da denominada Lei de Arbitragem exemplificam a assertiva.

---

[129] CARVALHO FILHO, José dos Santos. *Manual de Direito Administrativo*. 24. ed. Rio de Janeiro: Lumen Juris, 2011. p. 894.

[130] HARADA, Kiyoshi. Decadente princípio da separação dos poderes. Considerações sobre a execução fiscal administrativa. *Jus Navigandi*, Teresina, ano 12, n. 1655, 12 jan. 2008. Disponível em: http://jus2.uol.com.br/doutrina/texto.asp?id=10826. Acesso em 19 jun. 2019.

O direito de ser julgado segundo a "lei da terra" não implica na impossibilidade de alteração dessa lei, apenas impõe que tais alterações sejam realizadas segundo determinados critérios jurídico-constitucionais previamente fixados.[131]

O princípio da inafastabilidade da jurisdição, por seu turno, não é incompatível com a execução parcialmente administrativa do crédito tributário, porquanto tal procedimento não impossibilitaria ao contribuinte recorrer-se à via jurisdicional, mediante a utilização de instrumentos próprios, além de que o Fisco promoveria apenas preventivamente a constrição patrimonial do executado, sendo tal ato passível de confirmação ou revogação posterior pelo Juiz da execução fiscal.

Ora, se a Administração Pública pode se utilizar de meios coercitivos em diversas hipóteses legalmente admitidas, independentemente de prévia manifestação judicial, tais como desapropriar uma propriedade improdutiva, interditar estabelecimentos, estabelecer cláusulas exorbitantes em contratos administrativos, apreender um veículo irregularmente estacionado em via pública, dentre outros, por que não poderia constituir e autoexecutar os seus próprios créditos, ao menos preventivamente?

Veja-se que a Constituição Federal brasileira não exige em nenhum momento uma sentença judicial como condição para a perda da propriedade, razão pela qual, inclusive, existem diversos atos administrativos autoexecutórios no nosso sistema jurídico que implicam na perda de bens, a exemplo das normas constantes dos artigos 72, IV, V, VII e VIII, da Lei nº 9.605, de 12 de fevereiro de 1998 (Lei Ambiental); artigo 58 do Código das Águas (Decreto nº 24.643, de 10 de julho de 1934); artigo 7º do Decreto-Lei nº 3.365, de 21 de junho de 1.941 (Lei da Desapropriação por Utilidade Pública); artigo 45 da Lei nº 9.784, de 29 de janeiro de 1999 (dispõe sobre o processo administrativo em âmbito federal); e as normas da Lei nº 6.024, de 13 de março de 1974 (Dispõe sobre a intervenção e a liquidação extrajudicial de instituições financeiras, e dá outras providências), todas elas com presunção de constitucionalidade, visto que a nossa Corte Suprema não declarou nenhum dos dispositivos mencionados, contrários à Constituição Federal.

---

[131] MELO FILHO, João Aurino de. *Racionalidade legislativa do processo tributário*. 2018. p. 500. Disponível em: https://www.editorajuspodivm.com.br/cdn/arquivos/0d83ea8b2383eee1d4788b7cdff07edd.pdf. Acesso em 18 jun. 2019.

Logo, se a própria perda de bens em sede administrativa (perdimento) é admitida pela lei e pela nossa Constituição Federal, a mera constrição prévia dos bens dos devedores pelo fisco não ofende a qualquer princípio constitucional.

A propósito, Cavalcante se manifesta tanto pela constitucionalidade quanto pela conveniência da execução fiscal administrativa:

> Está claramente comprovado que não é possível ter uma justiça tributária com o Poder Judiciário extremamente ocupado com atribuições referentes à cobrança do crédito tributário, que por sua própria natureza, são atividades meramente administrativas, podendo ser dispensada a interferência do juiz nos trâmites procedimentais da cobrança.
>
> [...]
>
> Vamos refletir com imparcialidade: será mesmo tão absurdo que o próprio Estado, responsável pela constituição, fiscalização e cobrança administrativa do crédito tributário, seja incompetente para continuar a cobrança deste crédito através da execução forçada? Parece-nos que não. O fato de o fisco continuar na tarefa da cobrança administrativa do crédito tributário não significa, de modo algum, que se esteja violando princípios constitucionais, ou agredindo o devido processo legal administrativo ou judicial. A violação das garantias constitucionais não decorre desta alteração do procedimento da cobrança, mas sim, se isto for feito de forma arbitrária e sem observância do devido processo legal.[132]

Ainda nos valemos novamente das lições de Harada, que se posiciona favoravelmente à utilização da instituição da fase administrativa da execução fiscal:

> Ironicamente, exatamente, agora, que temos o pleno domínio dos princípios de direito público como os da legalidade, da moralidade, da eficiência no serviço público, da impessoalidade, da razoabilidade etc., bem como dos poderes da administração pública como os da exigibilidade (meios de coerção indireta) e da executoriedade em algumas hipóteses (meios coercitivos diretos) a justificar até a inclusão de cláusulas exorbitantes em contratos administrativos, vozes se levantam contra a penhora administrativa como mero pré-requisito para ajuizamento da execução fiscal, mas nenhuma objeção fazem contra a inscrição na dívida ativa, que municia a Fazenda com um título líquido

---

[132] CAVALCANTE, Denise Lucena. Execução fiscal administrativa e devido processo legal. *Revista Nomos*, v. 26, p. 47-54, 2007. p. 50.

e certo, passível do controle judicial apenas a posteriori, a exemplo da penhora que se pretende instituir na fase administrativa da cobrança do crédito tributário.[133]

Nessa mesma linha, Prudente, citado por Melo, manifestou o seu posicionamento que a atividade do juiz, frente à cobrança da dívida ativa da Fazenda Pública, é muito pouco jurisdicional, pois, quer seja baseada em título judicial ou extrajudicial, o juiz não executa nada, se limitando a presidir a execução fiscal, já que, quem efetivamente realiza a execução são os oficiais de justiça:

> A atividade do juiz há de ser, essencialmente, a de resolver conflitos de interesse. Quando o princípio da Divisão dos Poderes, arquitetado por Montesquieu e preconizado por Aristóteles, na Grécia, começou a desenvolver-se, o direito de petição se desdobrou e assumiu características específicas perante cada um desses Poderes. No processo moderno, o dever de pronunciamento por parte do juiz é de tal modo rigoroso na solução das lides, ante o exercício do direito de ação, como espécie do direito constitucional de petição, que sua omissão configura causa de responsabilidade judicial. O conceito de jurisdição tão só como poder, é insuficiente. Jurisdição não é o que muitos concebem: uma atividade de juízes muitas vezes preocupados com a titulação medieval, carolíngia de desembargadores e ministros. Jurisdição é serviço público, porque ela há de ser sempre um poder-dever. Com a faculdade de julgar, o juiz tem o dever de fazê-lo, não se eximindo de sentenciar ou despachar sob a alegação de lacuna ou obscuridade da lei. No julgamento da lide, caber-lhe-á aplicar as normas legais e, não as havendo, há de recorrer à analogia, aos costumes e aos princípios gerais do Direito (CPC, art. 126). Ora, a atividade do juiz, frente à cobrança da dívida ativa da Fazenda Pública, é muito pouco jurisdicional. A rigor, na execução, quer seja baseada em título judicial ou extrajudicial, o juiz não executa nada. Ele preside a execução. Quem realiza, efetivamente, a execução, são os oficiais de justiça.[134]

Nesse sentido, e justificada a nossa proposta de aplicação do modelo semijudicial da execução fiscal no Brasil, inscrito o débito

---

[133] HARADA, Kiyoshi. A penhora administrativa como pré-requisito da execução fiscal. *Jus Navigandi*, Teresina, ano 12, n. 1620, 8 dez. 2007. Disponível em: http://jus2.uol.com.br/doutrina/texto.asp?id=10729. Acesso em 18 jun. 2019.

[134] PRUDENTE, Antônio Sousa *apud* MELO, Carlos Francisco Lopes. Execução fiscal administrativa à luz da Constituição Federal. *Revista da AGU – Advocacia-Geral da União*, ano 11, n. 31, p. 7-25, jan./mar. 2012. Disponível em: https://seer.agu.gov.br/index.php/AGU/article/view/127. Acesso em 19 jun. 2019.

em dívida ativa e após a tomada das providências administrativas tradicionais de inclusão do nome do devedor no cadastro de inadimplentes e de protesto do título em cartório, será possível a realização da investigação prévia patrimonial dos devedores pelas Procuradorias responsáveis pelos débitos, tudo por intermédio de sistemas de dados compartilhados pelas Fazendas Públicas e por outros meios legalmente admitidos.

Não havendo o cumprimento voluntário da obrigação pelo contribuinte, o Fisco passará ao próximo passo, ou seja, se utilizar dos meios alternativos de solução das controvérsias, tais como a mediação, a conciliação e a arbitragem.

Para tal desiderato, além da já referida necessidade de aprimoramento da legislação, será essencial o maior aparelhamento da Administração Pública, que deve contar com um grupo de profissionais especializados em arbitragem, conciliação e mediação.

Caso sejam infrutíferas as tentativas de acordo via mediação, conciliação ou arbitragem, o Fisco, dotado de maiores poderes funcionais – o que depende de prévia autorização legislativa – poderá, a par dos dados constantes em seus cadastros e mediante execução administrativa forçada, promover a penhora preparatória de bens dos devedores, ressalvada a apreciação, pelo Poder Judiciário, de eventuais abusos decorrentes do poder conferido à autoridade administrativa,[135] em observância ao princípio da inafastabilidade do Poder Judiciário, que constitui cláusula pétrea constitucional (CF, art. 5º, XXXV, combinado com o art. 60, §4º).[136]

Na espécie, frise-se que o Código de Processo Civil de 2015, conforme previsão nos seus artigos 15 e 771, *caput* e parágrafo único,

---

[135] Tais abusos, a nosso ver, poderiam ser exemplificados nas seguintes hipóteses: a) excesso de penhora; b) impenhorabilidade dos bens; c) dívida já paga ou objeto de parcelamento; d) dívida prescrita ou atingida pela decadência, dentre outros.

[136] Art. 5º Todos são iguais perante a lei, sem distinção de qualquer natureza, garantindo-se aos brasileiros e aos estrangeiros residentes no País a inviolabilidade do direito à vida, à liberdade, à igualdade, à segurança e à propriedade, nos termos seguintes:
(...)
XXXV – a lei não excluirá da apreciação do Poder Judiciário lesão ou ameaça a direito;
(...)
Art. 60. A Constituição poderá ser emendada mediante proposta:
(...)
§4º Não será objeto de deliberação a proposta de emenda tendente a abolir:
I – a forma federativa de Estado;
II – o voto direto, secreto, universal e periódico;
III – a separação dos Poderes;
IV – os direitos e garantias individuais.

aplica-se supletiva e subsidiariamente ao processo administrativo e ao processo de execução, respectivamente, *in verbis*:

> Art. 15. Na ausência de normas que regulem processos eleitorais, trabalhistas ou administrativos, as disposições deste Código lhes serão aplicadas supletiva e subsidiariamente.
>
> [...]
>
> Art. 771. Este Livro regula o procedimento da execução fundada em título extrajudicial, e suas disposições aplicam-se, também, no que couber, aos procedimentos especiais de execução, aos atos executivos realizados no procedimento de cumprimento de sentença, bem como aos efeitos de atos ou fatos processuais a que a lei atribuir força executiva.
>
> Parágrafo único. Aplicam-se subsidiariamente à execução as disposições do Livro I da Parte Especial.

A legislação processual civil poderá ser utilizada subsidiariamente pela autoridade administrativa, enquanto não forem aprovadas as necessárias alterações na lei de execuções fiscais, resguardando a proteção dos direitos fundamentais dos contribuintes, em especial o contraditório, a ampla defesa e o devido processo legal.

Com base nesses argumentos e, repita-se, adotada a hipótese sugerida nesta obra, nada impedirá que o Fisco se utilize das regras atinentes à penhora, em especial as constantes dos artigos 831 a 836 do CPC, inclusive no tocante à impenhorabilidade de certos bens (art. 833) e da ordem dos bens penhoráveis (art. 835), mas de forma prévia e preparatória.

Ressaltamos que tal penhora preventiva ocorrerá totalmente fora do Poder Judiciário, ou seja, não movimentará, ao menos inicialmente, a máquina judiciária, tampouco se utilizará de servidores ou auxiliares da justiça, tais como escreventes e oficiais de justiça, e ocorrerá eletronicamente, poupando tempo e recursos financeiros.

Nada impede a utilização, por exemplo, das serventias extrajudiciais como auxiliares nessa fase de penhora preventiva, o que não afasta a natureza de intervenção estatal, havendo apenas uma materialização estruturada de forma diversa do processo judicial, isto é, a intervenção do Estado na vontade privada se dá por meio do exercício da função pública do titular da serventia integrante do foro extrajudicial.

Em termos acautelatórios, o Fisco poderá, inclusive, lançar mão da tutela de urgência de natureza cautelar, prevista no art. 300 e seguintes do CPC, efetivando-a administrativamente mediante arresto, sequestro, arrolamento de bens, registro de protesto contra alienação de bem e qualquer outra medida idônea para asseguração do direito.

Efetivados os procedimentos prévios administrativos de penhora, arresto, averbação, sequestro, arrolamento ou quaisquer outras medidas constritivas administrativas perante a autoridade administrativa ou, alternativamente, as serventias extrajudiciais, o contribuinte terá prazo para se manifestar após a sua notificação, podendo, a seu critério, requerer a substituição dos bens penhorados, com aplicação analógica do artigo 847, parágrafos e incisos, do CPC, e ainda impugnar o ato constritivo em si, alegando em seu favor toda matéria de defesa, tal como pagamento, compensação anterior à inscrição, matérias de ordem pública e causas de nulidade do título, mediante aplicação analógica do artigo 525, incisos e parágrafos, do CPC.

Apresentada a impugnação pelo devedor, os autos serão conclusos para a autoridade administrativa, que caso concorde com os argumentos do contribuinte, promoverá a extinção da cobrança administrativa, ou, caso discorde, promoverá, só assim, o ajuizamento da cobrança, remetendo os autos para a advocacia pública (Procuradoria da Fazenda Nacional ou Procuradorias dos Estados ou Municípios, de acordo com a origem do débito).

Frise-se que ao Poder Judiciário ficará ressalvado, a todo tempo, o controle da legalidade do procedimento da execução fiscal administrativa, devendo ser previamente instado a se manifestar, por exemplo, sobre pedidos fazendários de desconsideração da personalidade jurídica (artigos 133 a seguintes do CPC) e eventual quebra de sigilo bancário dos contribuintes (Lei Complementar nº 105/2001), dentre outros.

Ademais, mesmo, em tese, sendo caso de ajuizamento da execução fiscal, o Fisco, conforme a nossa proposta, fará uma triagem prévia, no que tange ao valor dos débitos, à qualidade dos devedores e à sua recuperação, promovendo o ajuizamento apenas e primordialmente dos débitos de grande valor e cuja recuperação seja provável, a critério dos órgãos de inteligência fazendários e das Procuradorias, nos limites e parâmetros previamente fixados em lei.

A propósito, a Lei de Execuções Fiscais (Lei nº 6.830/1980), que atualmente rege o processo judicial da dívida ativa da Fazenda Pública, merece diversas alterações, tanto em relação às providências administrativas prévias tomadas pelo fisco quanto no tocante ao ajuizamento do débito, que passará e ser tratado como exceção e a conter diversos requisitos prévios, a exemplo dos referidos no parágrafo supra.

Após o ajuizamento do débito e citado o devedor, o procedimento seguirá o trâmite comum da execução fiscal, com abertura de prazo para embargos à execução e possibilidade de alegação de todas as matérias de defesa, cabendo ao juiz da execução fiscal, se for o caso, determinar a convolação da constrição preparatória em penhora ou arresto e intimar o executado e determinar o registro da penhora ou arresto, o que revela o completo controle judicial sobre o procedimento administrativo prévio adotado pela Fazenda Pública.

Posteriormente à convolação da constrição patrimonial provisória em definitiva pelo juízo e aos registros cabíveis, haverá o efetivo leilão judicial dos bens penhorados.

Frise-se que, implementada a possibilidade de conciliação, mediação e arbitragem no âmbito administrativo, o juiz poderá, a qualquer momento, promover nova tentativa de acordo, dessa vez em âmbito judicial.

Logo, o que se observa é a plena viabilidade da utilização, no direito brasileiro, do modelo de execução fiscal semijudicial ou misto, com alterações pontuais que o tornem compatíveis com o ordenamento jurídico nacional, conciliando ao mesmo tempo a efetividade e a eficiência da arrecadação tributária, a utilização do Poder Judiciário como *"ultima ratio"* em questões tributárias e a proteção dos direitos constitucionalmente garantidos aos contribuintes.

A propósito, Duque, também defensor da execução fiscal administrativa, assim se manifesta:

> Em tudo que foi dito, a conclusão é apenas uma, não se pode desprezar a necessidade de modificação de paradigma no sistema atual de resolução de conflitos tributários. A quantidade de processos de execução fiscal demonstra tamanha calamidade e necessitamos com urgência de uma legislação que permite bons mecanismos de funcionamento, reduzindo a litigiosidade e o contencioso para que desafoguemos o Judiciários, garantindo os direitos fundamentais também na seara administrativa.[137]

Contudo, os diversos projetos de lei que tratam das alternativas à execução fiscal judicial permanecem sem andamento há muitos anos nas Casas legislativas, não havendo, portanto, pelo menos até o presente

---

[137] DUQUE, Felipe. *Execução fiscal*: 38% do acervo judicial e ideias simples. Duas propostas de aprimoramento da resolução de conflitos contra a Fazenda Pública. Dez. 2018. Disponível em: https://www.jota.info/opiniao-e-analise/colunas/contraditorio/execucao-fiscal-38-do-acervo-judicial-e-ideias-simples-24122018. Acesso em 12 jun. 2019.

momento, perspectivas e vontade política na sua aprovação, conforme veremos a seguir.

3.6 Os projetos de lei e as tentativas de desjudicialização da execução fiscal brasileira: uma questão (ainda) em aberto

Bem de ver que as tentativas de implementação da execução fiscal administrativa são antigas: ainda no ano de 1999, o então Senador Lúcio Alcântara propôs o Projeto de Lei Federal nº 608/99,[138] apresentando como exposição de motivos os seguintes argumentos:

> Essa penhora administrativa não se opõe aos cânones constitucionais, porque, na verdade, não suprime nem impede o ingresso do devedor perante o Poder Judiciário, valendo-se da garantia fundamental que lhe oferece o inc. XXXV do art. 5º da Constituição Federal, com assento no princípio básico da separação dos Poderes, inserto no art. 2º da Carta Nacional. A penhora, por não ser ato judicial, mas administrativo, independe de se realizar perante o juízo, mesmo porque não está defeso ao devedor valer-se das demais ações judiciais ou do mandado de segurança, como o faz, ordinariamente.

Referido projeto de lei, sem aprovação popular e tampouco vontade política, foi arquivado definitivamente no Senado em 15.01.2003.

Mais recentemente, podemos citar os Projetos de Lei Federal de nºs 2.412/2007, de autoria do Deputado Federal Régis de Oliveira, e 5.080/2009 e 5.081/2009, ambos de autoria do Poder Executivo.

O primeiro projeto de lei[139] prevê que os atos de notificação do devedor para pagar, de arresto e de penhora de bens, passam a ser praticados exclusivamente por determinação administrativa e executados diretamente pelos agentes fiscais (artigos 5º, 6º e 10º).

---

[138] Projeto de Lei Federal nº 608/99, que institui a penhora administrativa, por órgão jurídico da Fazenda Pública, e dá outras providências. (BRASIL. Senado Federal. *Projeto de Lei do Senado nº 608, de 1999*. Institui a penhora administrativa, por órgão jurídico da Fazenda Pública, e dá outras providências. Disponível em: https://www25.senado.leg.br/web/atividade/materias/-/materia/42412. Acesso em 18 jun. 2019).

[139] CÂMARA DOS DEPUTADOS. *Projeto de Lei nº 2412, de 12 de novembro de 2007*. Dispõe sobre a execução administrativa da Dívida Ativa da União, dos Estados, do Distrito Federal, dos Municípios, de suas respectivas autarquias e fundações públicas, e dá outras providências. Disponível em: https://www.camara.leg.br/proposicoesWeb/fichadetramita cao?idProposicao=376419. Acesso em 16 jun. 2019.

Ao devedor remanesce o direito de apresentar sua defesa administrativa, por meio de impugnação, a ser julgada pela autoridade administrativa competente. Referida autoridade, se tiver suspeitas comprovadas de ocultação do devedor ou quando a impugnação administrativa for considerada protelatória, julgará a impugnação meramente procrastinatória, determinando o arresto administrativo de bens do devedor, nos termos do artigo 10º.

Finalmente, merece atenção especial o artigo 40 do projeto em questão, que transfere ao agente fiscal, ligado à Fazenda Pública, amplo poder de diligência para buscar diretamente informações quanto ao patrimônio do devedor.

O segundo projeto de lei[140] altera a Lei nº 8.397, de 1992 (Lei da Medida Cautelar Fiscal), e revoga a Lei nº 6.830, de 1980 (Lei de Execuções Fiscais), permitindo a constrição preparatória da execução judicial, prévia ao ajuizamento do feito.

Tal proposta transfere às Fazendas Públicas a atribuição de realizar investigações patrimoniais dos devedores, após ser concluída a inscrição do crédito em dívida ativa, além de prever a criação de um sistema nacional de informações patrimoniais dos contribuintes (SNIPC), a ser administrado pelo Ministério da Fazenda (artigo 4º).

Assim, os atos de notificação inicial do devedor para pagamento – momento em que ocorre a suspensão da prescrição –, bem como o arresto e a penhora preventiva de bens, serão praticados administrativamente pelos agentes fiscais.

De acordo com a proposta, há, ainda, a possibilidade de apresentação de exceção de pré-executividade administrativamente pelo devedor, no prazo de 30 (trinta) dias, a partir da notificação inicial do Fisco, sem efeito suspensivo (art. 7º).

Ajuizada a execução fiscal e deferida a inicial pelo juízo, automaticamente haverá a convolação da constrição preparatória em penhora ou arresto, bem como a citação do devedor para opor embargos, independentemente da apresentação de garantia, ressalvada, ainda, a possibilidade de o devedor apresentar exceção de pré-executividade em relação às matérias que não demandem dilação probatória.

---

[140] CÂMARA DOS DEPUTADOS. *Projeto de Lei nº 5080, de 20 de abril de 2009*. Dispõe sobre a cobrança da dívida ativa da Fazenda Pública e dá outras providências. Disponível em: https://www.camara.leg.br/proposicoesWeb/fichadetramitacao?idProposicao=431260. Acesso em 16 jun. 2019.

CAPÍTULO 3
HIPÓTESES PARA A IMPLEMENTAÇÃO DE UM SISTEMA ARRECADATÓRIO MAIS EFICIENTE | 113

Por fim, após a autorização judicial, a alienação dos bens penhorados se dará através de leilão público realizado pela própria Fazenda – dispensando o uso de servidores da justiça –, dando-se prioridade à adjudicação e à alienação particular.

O terceiro[141] projeto de lei dispõe sobre a instituição de mecanismos de cobrança dos créditos inscritos em dívida ativa da União, das autarquias e das fundações públicas federais, mediante a regulamentação da prestação de garantias extrajudiciais, da oferta de bens imóveis em pagamento, do parcelamento e pagamento à vista de dívida de pequeno valor, da previsão da redução do encargo legal previsto no art. 1º do Decreto-Lei nº 1.025, de 21 de outubro de 1969, e dá outras providências.

Bem de ver que os três projetos elencados anteriormente, embora não tenham sido definitivamente arquivados, estão sem movimentação há muitos anos na Câmara dos Deputados, sendo frequentes os seus apensamentos a outros projetos de lei que tratam de assuntos semelhantes, não havendo previsão de sua votação pelos parlamentares ou sequer de novas audiências públicas envolvendo autoridades para discutir os seus termos.

Importante deixar assente, na espécie, que o professor Torres,[142] em audiências públicas ocorridas na Câmara dos Deputados durante o ano de 2017, apresentou um modelo de execução fiscal parcialmente administrativa, que difere em parte do proposto no tópico anterior, citando diversos motivos para a sua implementação, dentre eles:

1. A previsão da Emenda Constitucional nº 45 acrescentou ao art. 5º o inciso LXXVIII, da Constituição Federal, que garante a todos, no âmbito judicial e administrativo, a razoável duração do processo e os meios que garantam a celeridade de sua tramitação;

---

[141] CÂMARA DOS DEPUTADOS. *Projeto de Lei nº 5081, de 20 de abril de 2009.* Dispõe sobre a instituição de mecanismos de cobrança dos créditos inscritos em dívida ativa da União, das autarquias e das fundações públicas federais, mediante a regulamentação da prestação de garantias extrajudiciais, da oferta de bens imóveis em pagamento, do parcelamento e pagamento à vista de dívida de pequeno valor, da previsão da redução do encargo legal previsto no art. 1º do Decreto-Lei nº 1.025, de 21 de outubro de 1969, e dá outras providências. Disponível em: https://www.camara.leg.br/proposicoesWeb/fichadetramit acao?idProposicao=431261. Acesso em 16 jun. 2019.

[142] TORRES, Heleno. *Proposta de Reforma da Execução Fiscal – modelo misto*: judicial e administrativa. Disponível em: https://www2.camara.leg.br/atividade-legislativa/comissoes/comissoes-temporarias/especiais/55a-legislatura/pl-2412-07-execucao-da-divida-ativa/documentos/audiencias-publicas/heleno-torres-da-universidade-de-sao-paulo-usp. Acesso em 16 jun. 2019.

2. A reduzida eficiência da cobrança da dívida ativa, que afeta as contas públicas, produz graves distorções nos mercados e prejudica a livre concorrência, afetando tanto as sociedades que pagam pontualmente os seus tributos e concorrem com aquelas que se aproveitam dos vícios do sistema atual, quanto as que suportam graves dificuldades geradas pelo regime de cobrança;
3. Morosidade, ineficiência e insegurança jurídica;
4. Ausência de conciliação para pôr fim ao litígio com rapidez;
5. Ausência de uniformidade da atuação dos procuradores entre as distintas regiões, o que gera litígios processuais (ação cautelar fiscal, recusa de garantias, inclusão de sócios e terceiros ora na CDA, ora na execução, dentre outros);
6. A difícil relação com as medidas de garantias, que se sobrepõem, tais como arrolamento de bens, penhora de faturamento, penhora "online" e outros; e
7. O modelo de execução fiscal na maior parte dos países do mundo é total ou parcialmente administrativo, sendo exceção o modelo judicializado brasileiro.

Ainda de acordo com o autor em referência, o modelo misto implica a atribuição legal de competência para a Fazenda Pública realizar, diretamente, sem intervenção judicial, atos de constrição patrimonial contra o devedor, como penhora, arresto, leilão, arrematação de bens e outros, permanecendo os embargos do devedor como instrumento de livre acesso ao judiciário pelo contribuinte, para exercício do contraditório e da ampla defesa.

Em síntese, o modelo proposto pelo professor Torres contém as seguintes fases:

Preliminarmente, há uma fase Administrativa Preventiva, com um monitoramento patrimonial preventivo pelo Fisco nos casos de inscrição do débito na dívida ativa em montante superior a 30% (trinta por cento) do patrimônio declarado pelo contribuinte.

Na sequência, tramita uma primeira fase judicial (limitada ao exame das questões fáticas e jurídicas), na qual são admitidos Exceção de pré-executividade (para questões que não exijam dilação probatória) e Embargos à Execução (com ou sem determinação para garantia do débito ou arrolamento, para questões que demandem dilação probatória), com posterior decisão do Juízo, segundo a situação patrimonial do executado.

Prosseguindo, inicia-se uma segunda fase Judicial (após decisão dos embargos), na qual há uma tentativa de conciliação judicial sobre o débito e sobre as garantias oferecidas pelo devedor, com possibilidade de transação judicial nos casos de comprovada insolvência, falência ou recuperação judicial.

Por fim, chegamos a uma fase administrativa constritiva, para cumprimento da decisão judicial, com penhora de bens, valores ou de faturamento, além da possibilidade de alienação de bens móveis e imóveis em hasta pública e conversão do depósito em renda.

Desse modo e em resumo, a proposta prevê uma execução administrativa preventiva, para monitoramento de bens do devedor, seguida de duas fases judiciais e uma última execução administrativa, posterior, para cumprimento da decisão judicial quanto à forma constritiva de bens do devedor.

Com a devida vênia, entendemos que o modelo misto apresentado pelo professor Heleno Torres perante a Câmara dos Deputados cria mais uma fase administrativa e um fase judicial desnecessárias, mantendo todas as decisões acerca da constrição patrimonial e a possibilidade de conciliação nas mãos do Poder Judiciário, ou seja, as fases administrativas serviriam somente para prévio monitoramento patrimonial do devedor e para o cumprimento das decisões judiciais, não resolvendo, assim, o problema do imenso contingenciamento de feitos e a efetividade do sistema arrecadatório.

Ficamos, portanto, com o nosso modelo, proposto no tópico anterior, por ser mais simples e efetivo, embora dependa de alteração legislativa e de empenho dos juristas no convencimento dos legisladores e da própria sociedade acerca da necessidade de mudança estrutural quanto à forma da execução fiscal do país.

CONCLUSÃO

No Brasil, a execução dos créditos tributários, ao contrário de como ocorre na maior parte das nações, é realizada de forma totalmente judicial.

Entretanto, observa-se a ineficiência e a morosidade desse sistema, sendo que a cobrança de dívidas da União, dos Estados e dos Municípios deve ser desjudicializada, para que o Poder Judiciário possa cuidar de questões efetivamente relevantes socialmente, como, por exemplo, políticas públicas envolvendo direitos fundamentais.

Sob esse prisma, a desjudicialização tem diversas vantagens que podem ser equacionadas, dentre outros, sob os pontos de vista jurídico, ético e humanitário.

A par dos dados estarrecedores do número de execuções fiscais e do imenso estoque total da dívida ativa federal e estadual, torna-se imperiosa a adoção de métodos não judiciais de solução de controvérsias, mais racionais e efetivos, com vistas tanto à redução do número de processos em tramitação no país, quanto à otimização na arrecadação de tributos.

Nesse sentido, o protesto extrajudicial e a inscrição do nome do devedor no cadastro de inadimplentes, providências já há muito tempo adotadas, são válidas tanto legalmente quanto admitidas pela jurisprudência dos Tribunais Superiores, mas não subsistem sozinhas sem a alteração do sistema de cobrança como um todo.

A despeito da discussão acerca da indisponibilidade do crédito tributário, deve ser admitida também a utilização da conciliação, da mediação e da arbitragem como métodos alternativos de cobrança, desde que, por óbvio, seja cumprida a exigência legal de previsão em leis específicas dos entes públicos, nos seus âmbitos de competências, acerca das hipóteses que admitem tais institutos, bem como dos tributos atingidos.

Por sua vez, as reformas previdenciária e tributária, embora controvertidas em muitos pontos, são necessárias à equalização na distribuição de renda e à recuperação da capacidade de arrecadação dos entes públicos. Essa equalização e recuperação seriam o primeiro passo para a implementação de um sistema arrecadatório mais eficiente.

Sob os pilares da desjudicialização, da utilização dos métodos alternativos de cobrança do crédito tributário e da concepção da necessidade de mais diálogo entre as instituições, o que se observa, atualmente, no âmbito das Administrações Públicas da União, dos Estados e dos Municípios, é a tendência da especialização, tanto legislativa quanto administrativa, com vistas à adoção de melhores estratégias para a fiscalização e a recuperação dos créditos tributários, considerando tanto o seu valor quanto a viabilidade do seu recebimento.

Por fim, embora sejam fortes os argumentos doutrinários em contrário, surge como alternativa viável a utilização do modelo misto ou semijudicial da execução fiscal, devendo a Fazenda Pública se socorrer à via judicial somente após eventual oposição administrativa pelo devedor, nos moldes do sistema chileno, adaptado às peculiaridades do ordenamento jurídico brasileiro e com utilização subsidiária da legislação processual civil existente no país, sem prejuízo de alterações legislativas pontuais na Lei de Execuções Fiscais.

Entretanto, o que se vislumbra na prática é a falta de vontade política e de empenho do próprio Poder Executivo em pressionar os legisladores a aprovarem leis que alterem o processo de execução da dívida ativa tributária.

REFERÊNCIAS

ASSEMBLÉIA LEGISLATIVA DO ESTADO DE SÃO PAULO. Lei nº 14.272, de 20 de outubro de 2010. Autoriza o Poder Executivo, nas condições que especifica, a não propor ações ou desistir das ajuizadas e dá providências correlatas. *Diário Oficial da União*, São Paulo, 21 out. 2010. Disponível em: https://www.al.sp.gov.br/norma/160361. Acesso em 01 jun. 2019.

ASSEMBLÉIA LEGISLATIVA DO ESTADO DE SÃO PAULO. Decreto nº 53.455, de 19 de setembro de 2008. Regulamenta a Lei nº 12799, de 11 de janeiro de 2008, que dispõe sobre o Cadastro Informativo dos Créditos não Quitados de órgãos e entidades estaduais – CADIN ESTADUAL, e dá providências correlatas. *Diário Oficial da União*, São Paulo, 20 set. 2008. Disponível em: https://www.al.sp.gov.br/norma/137863. Acesso em 12 jun. 2019.

ASSOCIAÇÃO DOS REGISTRADORES DE PESSOAS NATURAIS DO ESTADO DE SÃO PAULO (ARPEN-SP). *É uma tendência irreversível, diz Renato Nalini sobre o processo de desjudicialização na 3ª edição do Ciclo de palestras Fernando Rodini.* 2018. Disponível em: http://www.arpensp.org.br/index.php?pG=X19leGliZV9ub3RpY2lhcw==&in=NzU5Njg =&MSG_IDENTIFY_CODE. Acesso em 30 abr. 2019.

BALEEIRO, Aliomar. *Direito tributário brasileiro.* 11. ed. (Atualizado por Misabel Abreu Machado Derzi). Rio de Janeiro: Forense, 2007.

BALTHAZAR, Ubaldo César. *História do Tributo no Brasil.* São Paulo: Editora Boiteux, 2005.

BATEUP, Christine A. The dialogue promise: assessing the normative potential of theories of constitutional dialogue. *Brooklyn Law Review*, v. 71, p. 1, 2006.

BAUMAN, Zygmunt. *Vida em fragmentos*: sobre a ética pós-moderna. Rio de Janeiro: Zahar, 2011.

BECKER, Laércio Alexandre. *Contratos bancários*: execuções especiais. São Paulo: Malheiros, 2002.

BEZERRA NETO, Bianor Arruda. *Não há óbice normativo que impeça arbitragem em matéria tributária.* Conselho Nacional das Instituições de Mediação e Arbitragem – CONIMA. Disponível em: http://www.conima.org.br/arquivos/16370. Acesso em 05 jun. 2019.

BRASIL. Decreto-Lei nº 960, de 17 de dezembro de 1938. Dispõe sobre a cobrança judicial da dívida ativa da Fazenda Pública, em todo o território nacional. *Coleção de Leis do Império do Brasil*, Rio de Janeiro, 31 dez. 1938. Disponível em: http://www.planalto.gov. br/ccivil_03/decreto-lei/1937-1946/Del0960.htm. Acesso em 15 jun. 2019.

BRASIL. Lei nº 6.830, de 22 de setembro de 1980. Dispõe sobre a cobrança judicial da Dívida Ativa da Fazenda Pública, e dá outras providências. *Diário Oficial da União*, Brasília, 24 set. 1980. Disponível em: http://www.planalto.gov.br/ccivil_03/leis/l6830.htm. Acesso em 16 jun. 2019.

BRASIL. Lei nº 13.606, de 9 de janeiro de 2018. Institui o Programa de Regularização Tributária Rural (PRR) na Secretaria da Receita Federal do Brasil e na Procuradoria-Geral da Fazenda Nacional; altera as Leis nºs 8.212, de 24 de julho de 1991, 8.870, de 15 de abril de 1994, 9.528, de 10 de dezembro de 1997, 13.340, de 28 de setembro de 2016, 10.522, de 19 de julho de 2002, 9.456, de 25 de abril de 1997, 13.001, de 20 de junho de 2014, 8.427, de 27 de maio de 1992, e 11.076, de 30 de dezembro de 2004, e o Decreto-Lei nº 2.848, de 7 de dezembro de 1940 (Código Penal); e dá outras providências. *Diário Oficial da União*, Brasília, 18 abr. 2018. Disponível em: http://www.planalto.gov.br/ccivil_03/_Ato2015-2018/2018/Lei/l13606.htm. Acesso em 15 jun. 2019.

BRASIL. Senado Federal. *Projeto de Lei do Senado nº 608, de 1999*. Institui a penhora administrativa, por órgão jurídico da Fazenda Pública, e dá outras providências. Disponível em: https://www25.senado.leg.br/web/atividade/materias/-/materia/42412. Acesso em 18 jun. 2019.

BRASIL. Receita Federal. Portaria MF nº 75, de 22 de março de 2012. Dispõe sobre a inscrição de débitos na Dívida Ativa da União e o ajuizamento de execuções fiscais pela Procuradoria-Geral da Fazenda Nacional. *Diário Oficial da União*, Brasília, 22 mar. 2012. Disponível em: http://fazenda.gov.br/acesso-a-informacao/institucional/legislacao/portarias-ministeriais/2012/portaria75. Acesso em 01 jun. 2019.

BRASIL. Subchefia de Assuntos Parlamentares. *Exposição de Motivos nº 29/2019*. Disponível em: http://www.planalto.gov.br/ccivil_03/Projetos/ExpMotiv/REFORMA%202019/ME/2019/00029.htm. Acesso em 15 jun. 2019.

BRASIL. Superior Tribunal de Justiça. *Recurso Especial nº 1.126.515/PR 2009/0042064-8 - Rel. e Voto*. Íntegra do acórdão disponível em: *www.stj.jus.br. Pesquisa de jurisprudência*. Acesso em 28 abr. 2019.

BRASIL. Supremo Tribunal Federal. *Ação Direta de Inconstitucionalidade nº 2.551-1*. Minas Gerais, 2003. Disponível em: http://redir.stf.jus.br/paginadorpub/paginador.jsp?docTP=AC&docID=266148. Acesso em 01 jun. 2019.

BRASIL. Supremo Tribunal Federal. *ADI nº 1.454/DF*. Íntegra do acórdão disponível em: www.stf.jus.br. Pesquisa de jurisprudência. Acesso em 24 abr. 2019.

BRASIL. Supremo Tribunal Federal. *ADI nº 5.135*. Íntegra do acórdão disponível em: http://www.stf.jus.br/portal/jurisprudencia/menuSumarioSumulas.asp?sumula=2194. Acesso em 24 abr. 2019.

BRASIL. Supremo Tribunal Federal. *Recurso Especial nº 253.885/2002*, relatora a Ministra Ellen Gracie. Disponível em: *www.stf.jus.br. Pesquisa de jurisprudência*. Acesso em 27 abr. 2019.

CÂMARA DOS DEPUTADOS. Decreto nº 737, de novembro de 1850. Determina a ordem do Juizo no Processo Commercial. *Coleção de Leis do Império do Brasil*, Rio de Janeiro, 25 nov. 19850. Disponível em: https://www2.camara.leg.br/legin/fed/decret/1824-1899/decreto-737-25-novembro-1850-560162-publicacaooriginal-82786-pe.html. Acesso em 18 jun. 2019.

REFERÊNCIAS | 121

CÂMARA DOS DEPUTADOS. *Projeto de Lei nº 2412, de 12 de novembro de 2007*. Dispõe sobre a execução administrativa da Dívida Ativa da União, dos Estados, do Distrito Federal, dos Municípios, de suas respectivas autarquias e fundações públicas, e dá outras providências. Disponível em: https://www.camara.leg.br/proposicoesWeb/fichadetrami tacao?idProposicao=376419. Acesso em 16 jun. 2019.

CÂMARA DOS DEPUTADOS. *Projeto de Lei nº 5080, de 20 de abril de 2009*. Dispõe sobre a cobrança da dívida ativa da Fazenda Pública e dá outras providências. Disponível em: https://www.camara.leg.br/proposicoesWeb/fichadetramitacao?idProposicao=431260. Acesso em 16 jun. 2019.

CÂMARA DOS DEPUTADOS. *Projeto de Lei nº 5081, de 20 de abril de 2009*. Dispõe sobre a instituição de mecanismos de cobrança dos créditos inscritos em dívida ativa da União, das autarquias e das fundações públicas federais, mediante a regulamentação da prestação de garantias extrajudiciais, da oferta de bens imóveis em pagamento, do parcelamento e pagamento à vista de dívida de pequeno valor, da previsão da redução do encargo legal previsto no art. 1º do Decreto-Lei nº 1.025, de 21 de outubro de 1969, e dá outras providência. Disponível em: https://www.camara.leg.br/proposicoesWeb/fichadetrami tacao?idProposicao=431261. Acesso em 16 jun. 2019.

CÂMARA DOS DEPUTADOS. *Projeto sistematiza negociação de débitos com a Fazenda*. Jul. 2009. Disponível em: https://www2.camara.leg.br/camaranoticias/noticias/ ADMINISTRACAO-PUBLICA/137791-PROJETO-SISTEMATIZA-NEGOCIACAO-DE-DEBITOS-COM-A-FAZENDA.html. Acesso em 19 jun. 2019.

CÂMARA DOS DEPUTADOS. *Proposta e Emenda à Constituição nº 6/2019*. Modifica o sistema de previdência social, estabelece regras de transição e disposições transitórias, e dá outras providências. Disponível em: https://www.camara.leg.br/proposicoesWeb/ prop_mostrarintegra?codteor=1730596&filename=PRL+1+CCJC+%3D%3E+PEC+6/2019. Acesso em 15 jun. 2019.

CAPPELLETTI, Mauro; GARTH, Bryant. *Acesso à justiça*. Porto Alegre: Sergio Antonio Fabris Editor, 1988.

CAMBI, Eduardo. *Neoconstitucionalismo e neoprocessualismo*. Salvador: Editora Juspodivm, 2009.

CAMPOS, Diogo Leite de. A arbitragem em direito tributário português e o estado-dos cidadãos. *Revista de Arbitragem e Mediação*, São Paulo, n. 12. p. 149-158. jan./mar. 2007.

CARVALHO FILHO, José dos Santos. *Manual de Direito Administrativo*. 24. ed. Rio de Janeiro: Lumen Juris, 2011.

CAVALCANTE, Denise Lucena. Execução fiscal administrativa e devido processo legal. *Revista Nomos*, v. 26, p. 47-54, 2007.

COELHO, Gabriela. Constituição Federal precisa de menos texto, defende ministro Dias Toffoli. *Consultor Jurídico*, mar. 2019. Disponível em: https://www.conjur.com.br/2019-mar-29/constituicao-texto-defende-ministro-dias-toffoli. Acesso em 30 abr. 2019.

COLARES, Daniel Quintas dos Santos. *A mediação e a conciliação como instrumentos de negociação no sistema tributário brasileiro*. Dissertação de Mestrado. Universidade de Fortaleza, 2017. Disponível em: https://uol.unifor.br/oul/conteudosite/F1066342018030517404 5614700/Dissertacao.pdf. Acesso em 12 jun. 2019.

COLLET, Martin. *Droit fiscal*. 4. ed. Paris: Presses Universitaires de France, 2013.

CONSELHO DA JUSTIÇA FEDERAL. *CJF publica íntegra dos 87 enunciados aprovados na I Jornada Prevenção e solução extrajudicial de litígios*. 2016. Disponível em: https://www.cjf.jus.br/cjf/noticias/2016-1/setembro/cjf-publica-integra-dos-87-enunciados-aprovados-na-i-jornada-prevencao-e-solucao-extrajudicial-de-litigios. Acesso em 25 abr. 2019.

CONSELHO NACIONAL DE JUSTIÇA. *Relatório Justiça em números*. 2019. Disponível em: https://www.cnj.jus.br/pesquisas-judiciarias/justica-em-numeros/. Acesso em 15 nov. 2019.

CRUZ, Álvaro Ricardo de Souza; VASCONCELLOS NETO, Alfredo Bento de. Deontologia constitucional e efetividade dos direitos humanos: reflexões sobre a tributação no paradigma democrático. *Revista da Procuradoria-Geral do Município de Belo Horizonte – RPGMBH*, Belo Horizonte. n. 4. p. 11-55. jul./dez. 2009.

CUNHA, Alexandre dos Santos; KLIN, Isabela do Valle; PESSOA, Olívia Alves Gomes. *Custo e tempo do processo de execução fiscal promovido pela Procuradoria-Geral da Fazenda Nacional*. Disponível em: http://repositorio.ipea.gov.br/bitstream/11058/5279/1/Comunicados_n83_Custo_unit%C3%A1rio.pdf. Acesso em 10 jun. 2019.

DI PIETRO, Maria Sylvia Zanella. *Direito administrativo*. São Paulo: Atlas, 2014.

DUQUE, Felipe. *Execução fiscal*: 38% do acervo judicial e ideias simples. Duas propostas de aprimoramento da resolução de conflitos contra a Fazenda Pública. Dez. 2018. Disponível em: https://www.jota.info/opiniao-e-analise/colunas/contraditorio/execucao-fiscal-38-do-acervo-judicial-e-ideias-simples-24122018. Acesso em 12 jun. 2019.

ELIAS, Cristiano; RUIZ, Priscila Pâmela. Desjudicialização da cobrança de tributos: a aplicação dos meios alternativos de resolução de conflitos no âmbito do processo tributário. *Revista da AJURIS – Porto Alegre*, v. 45, n. 145, p. 55-60, dez. 2018.

FREITAS, José Lebre de. *A ação executiva depois da reforma*. 4. ed. Coimbra: Coimbra Editora, 2004. p. 27-28 apud JÚNIOR, Humberto Theodoro. *RDCPC*, n. 43, set./out. 2006 – doutrina.

GIALUCCA, Alexandre. *A discussão sobre a legalidade do protesto extrajudicial da certidão da dívida ativa por parte da fazenda pública*. Disponível em: https://alegialluca.jusbrasil.com.br/artigos/121816985/a-discussao-sobre-a-legalidade-do-protesto-extrajudicial-da-certidao-da-divida-ativa-por-parte-da-fazenda-publica. Acesso em 11 jun. 2019.

GIANNETTI, Leonardo Varella. *Arbitragem no direito tributário brasileiro*: possibilidade e procedimentos. 2017, 390 f. Tese (Doutorado). Programa de Pós-Graduação em Direito, Pontifícia Universidade Católica de Minas Gerais, Belo Horizonte. 2017. Disponível em: http://www.biblioteca.pucminas.br/teses/Direito_GiannettiLVa_1.pdf. Acesso em 27 abr. 2019.

GRINOVER, Ada Pellegrini. *Os processo coletivos nos países de civil law e common law*: uma análise de direito comparado. São Paulo: RT, 2008.

GRUPENMACHER, Betina Treiger. *Arbitragem em matéria tributária*. Disponível em: https://direitosp.fgv.br/sites/direitosp.fgv.br/files/arquivos/1fgv._arbitragem-segunda_mesa.pdf. Acesso em 29 abr. 2019.

REFERÊNCIAS | 123

GODOY, Arnaldo Sampaio de Moraes. *A execução fiscal administrativa no direito comparado.* Belo Horizonte: Fórum, 2009.

GODOY, Arnaldo Sampaio de Moraes. Fisco chileno pode penhorar até salário de devedor. *Revista consultor jurídico,* mai. 2010. Disponível em: https://www.conjur.com.br/2010-mai-04/execucao-fiscal-chile-permite-penhora-salario-devedor. Acesso em 02 mai. 2019.

GODOY, Arnaldo Sampaio de Moraes. *Penhora do fisco mexicano evita busca de bens em vão.* Disponível em: https://www.conjur.com.br/2010-mai-11/execucao-fisco-mexicano-evita-corrida-credito-podre. Acesso em 19 jun. 2019.

GOVERNO DO ESTADO DO RIO GRANDE DO SUL. Carta de Conjuntura Fee. *Dívida ativa do Rio Grande do Sul.* ano 25, n. 7, 2016. Disponível em: http://carta.fee.tche.br/article/divida-ativa-do-rio-grande-do-sul/. Acesso em 08 jun. 2019.

HARADA, Kiyoshi. A penhora administrativa como pré-requisito da execução fiscal. *Jus Navigandi,* Teresina, ano 12, n. 1620, 8 dez. 2007. Disponível em: http://jus2.uol.com.br/doutrina/texto.asp?id=10729. Acesso em 18 jun. 2019.

HARADA, Kiyoshi. Decadente princípio da separação dos poderes. Considerações sobre a execução fiscal administrativa. *Jus Navigandi,* Teresina, ano 12, n. 1655, 12 jan. 2008. Disponível em: http://jus2.uol.com.br/doutrina/texto.asp?id=10826. Acesso em 19 jun. 2019.

HARADA, Kiyoshi. Execução Fiscal. *In: XXXIII Simpósio Nacional de Direito Tributário.* São Paulo: Instituto Internacional de Ciências Sociais, 2008.

HELENA, Eber Zoehler Santa. O fenômeno da desjudicialização. *Revista Jus Navigandi,* ISSN 1518-4862, Teresina, ano 11, n. 922, 11 jan. 2006. Disponível em: https://jus.com.br/artigos/7818. Acesso em 24 abr. 2019.

INFOLEG. *Procedimiento fiscales.* Decreto nº 821, de 1998. Disponível em: http://servicios.infoleg.gob.ar/infolegInternet/anexos/15000-19999/18771/texact.htm. Acesso em 18 jun. 2019.

INSTITUTO BRASILEIRO DE GEOGRAFIA E ESTATÍSTICA (IBGE). *Projeção da população do Brasil e das unidades federadas.* Disponível em: https://www.ibge.gov.br/apps/populacao/projecao//index.html. Acesso em 15 nov. 2019.

JORNAL O GLOBO. *Familia alemã atrasa pagamento de impostos e cadela é confiscada para quitar dívidas.* 2019. Disponível em: https://oglobo.globo.com/economia/familia-alema-atrasa-pagamento-de-impostos-cadela-confiscada-para-quitar-dividas-23490723. Acesso em 30 abr. 2019.

JORNAL VALOR ECONÔMICO. *Tribunais investem em robôs para reduzir volume de ações.* Disponível em: https://www.valor.com.br/legislacao/6164599/tribunais-investem-em-robos-para-reduzir-volume-de-acoes. Acesso em 30 abr. 2019.

JUSTEN FILHO, Marçal. *Curso de Direito Administrativo.* 4. ed. São Paulo: Ed. Saraiva, 2009.

JUSTIA MÉXICO. *Código Fiscal de la Federación.* Disponível em: https://mexico.justia.com/federales/codigos/codigo-fiscal-de-la-federacion/. Acesso em 18 jun. 2019.

LANG, Joachim; TIPKE, Klaus. *Direito tributário*. 18. ed. (Trad. Elisete Antoniuk). Porto Alegre: Sergio Antônio Fabris Editor, 2014. v. 3.

LEGISWEB. *Portaria STN nº 685, de 14 de setembro de 2006. Revoga a Portaria STN no 280, de 20 de setembro de 1996, e dá outras providências.* Disponível em: https://www.legisweb.com.br/legislacao/?id=198074. Acesso em 15 jun. 2019.

LOPES, Mauro Luís Rocha. *Manual de Processo Judicial Tributário*. 4. ed. Rio de Janeiro: Lumen Iuris, 2007.

MACHADO, Carlos Henrique; BALTHAZAR, Ubaldo Cesar. A Reforma Tributária como instrumento de efetivação da justiça: uma abordagem histórica. *Seqüência*, Florianópolis, n. 77, p. 221-252, nov. 2017. Disponível em: http://www.scielo.br/pdf/seq/n77/2177-7055-seq-77-221.pdf. Acesso em 28 abr. 2019.

MACHADO, Hugo de Brito. *Curso de Direito Tributário*. 29. ed. São Paulo: Malheiros, 2008.

MACHADO, Hugo de Brito. *Execução Fiscal Administrativa – Sínteses dos argumentos utilizados na defesa do anteprojeto e da correspondente refutação.* Disponível em: http://www.abance.com.br/site/arquivos/jornal/200704_encarte.pdf. Acesso em 18 jun. 2019.

MACHADO, Hugo de Brito. Transação e arbitragem no âmbito tributário. *In:* GUIMARÃES, Vasco Branco; SARAIVA FILHO, Oswaldo Othon de Pontes (Orgs.). *Transação e arbitragem no âmbito tributário.* Belo Horizonte: Fórum, 2008.

MACHADO SEGUNDO, Hugo de Brito. *Processo Tributário*. 8. ed. São Paulo: Atlas, 2015.

MARTINS, Ives Gandra da Silva (Coord.). *Execução Fiscal.* São Paulo: Revista dos Tribunais e Centro de Extensão Universitária, 2008. (Pesquisas Tributárias, Nova Série – 14).

MARTELLO, Alexandro. Reforma Tributária: proposta do governo prevê imposto eletrônico sobre pagamentos. *G1*, Brasília, abr. 2019. Disponível em: https://g1.globo.com/economia/noticia/2019/04/04/reforma-tributaria-proposta-do-governo-preve-imposto-eletronico-sobre-pagamentos.ghtml. Acesso em 02 mai. 2019.

MELO FILHO, João Aurino de. *Racionalidade legislativa do sistema de resolução de conflitos tributários*: desjudicialização e democratização (execução fiscal administrativa, harmonização de instâncias, transação e arbitragem tributária) como fundamentos de um sistema racional (jurídico, lógico, eficiente e ético) de resolução de conflitos tributários. Dissertação (Mestrado) – Universidade Regional Integrada do Alto Uruguai e das Missões. Santo Ângelo, 2016.

MELO FILHO, João Aurino de. *Racionalidade legislativa do processo tributário.* 2018. Disponível em: https://www.editorajuspodivm.com.br/cdn/arquivos/0d83ea8b2383eee1d4788b7cdff07edd.pdf. Acesso em 18 jun. 2019.

MELO FILHO, João Aurino de. *Sistemas de cobrança executiva da obrigação tributária no Direito comparado*: execução fiscal administrativa como modelo moderno de cobrança da Administração Tributária de massas. 2017. p. 40. Disponível em: http://www.sinprofaz.org.br/pdfs/3-colocado.pdf. Acesso em 18 jun. 2019.

NALINI, José Renato. *Audiência na comissão especial da Câmara dos Deputados para apreciação do PL nº 2412/2007, ocorrida em 10 jun. 2015.* Disponível em: https://www.apesp.org.br/wp-content/uploads/2015/07/balanco_gestao2015.html. Acesso em 19 jun. 2019.

NALINI, José Renato. Ética *geral e profissional*. 7. ed. São Paulo: Revista dos Tribunais, 2009.

NALINI, José Renato. *Execução não é solução!* Disponível em: http://reantonalini. wordpress.com/2012/03/18/execucao-nao-e-a-solucao/. Acesso em 24 abr. 2019.

NETO, Cláudio Pereira de Souza; SARMENTO, Daniel. *Direito Constitucional*: teoria, história e métodos de trabalho. Belo Horizonte: Fórum, 2012.

O GLOBO. *Reforma Tributária prevê cobrar imposto da economia informal*. 31 mar. 2019. Disponível em: https://oglobo.globo.com/economia/reforma-tributaria-preve-cobrar-imposto-da-economia-informal-23564066. Acesso em 02 mai. 2019.

OLIVEIRA, Fabiana Luci. Processo Decisório no Supremo Tribunal Federal: coalizões e 'panelinhas'. *Revista de sociologia e política*, Curitiba, v. 20, n. 44, p. 139-159, nov. 2012.

OLIVEIRA, Isabelle Ferreira Duarte Barros de. *O protesto extrajudicial da Certidão de Dívida Ativa*. 2014. Disponível em: https://jus.com.br/artigos/33847/o-protesto-extrajudicial-da-certidao-de-divida-ativa. Acesso em 11 jun. 2019.

PÁDUA, Luciano. O "big data" da PGE-SP para combater sonegadores profissionais: Procuradoria investe em "data science" e análise de redes para combater sonegação fiscal e qualificar devedores. *Revista Jurídica Jota*, São Paulo, 2019. Disponível em: https://www.jota.info/coberturas-especiais/inova-e-acao/pge-big-data-sonegadores-profissionais-22012019. Acesso em 26 abr. 2019.

PAULSEN, Leandro. *Curso de Direito Tributário*. 2. ed. Porto Alegre: Livraria do Advogado, 2008.

PEIXOTO, Marco Aurélio; BECKER, Rodrigo. Desjudicialização da execução fiscal – promessa ou realidade? *Revista Jurídica Jota*, 2018. Disponível em: https://www.jota.info/opiniao-e-analise/colunas/coluna-cpc-nos-tribunais/desjudicializacao-da-execucao-fiscal-promessa-ou-realidade-06122018#_ftn2. Acesso em 10 jun. 2019.

PORTAL CORREIO. *Governo vai caçar devedores para receber R$5 bilhões e aumentar arrecadação*. Jan. 2019. Disponível em: https://correiodaparaiba.com.br/politica/governo-vai-cacar-devedores-para-receber-r-5-bilhoes-e-aumentar-arrecadacao/. Acesso em 29 abr. 2019.

PROCURADORIA GERAL DO ESTADO DO RIO DE JANEIRO – PGE-RJ. *Dívida ativa do Estado chega a R$77 bilhões*. 2017. Disponível em: https://www.pge.rj.gov.br/imprensa/noticias/2017/06/divida-ativa-do-estado-chega-a-r-77-bilhoes. Acesso em 20 abr. 2019.

PROCURADORIA GERAL DA FAZENDA NACIONAL. Portaria PGFN nº 33, de 08 de fevereiro de 2018. Regulamenta os arts. 20-B e 20-C da Lei nº 10.522, de 19 de julho de 2002 e disciplina os procedimentos para o encaminhamento de débitos para fins de inscrição em dívida ativa da União, bem como estabelece os critérios para apresentação de pedidos de revisão de dívida inscrita, para oferta antecipada de bens e direitos à penhora e para o ajuizamento seletivo de execuções fiscais. *Diário Oficial da União*, 09 fev. 2018. Seção 1, p. 35. Disponível em: http://sijut2.receita.fazenda.gov.br/sijut2consulta/link.action?idA to=90028&visao=anotado. Acesso em 28 abr. 2019.

PROCURADORIA GERAL DA FAZENDA NACIONAL. Portaria nº 396, de 20 de abril de 2016. *Regulamenta, no âmbito da Procuradoria-Geral da Fazenda Nacional, o Regime Diferenciado de Cobrança de Créditos – RDCC. Diário Oficial da União*, 22 abr. 2016. Disponível em: http://www.pgfn.fazenda.gov.br/assuntos/divida-ativa-da-uniao/regime-diferenciado-de-cobranca-rdcc/portaria396_2016_1.pdf. Acesso em 25 abr. 2019.

PROCURADORIA GERAL DA FAZENDA NACIONAL (PGFN). *Projeto de Lei nº 1.646/ 2019*. Disponível em: http://www.pgfn.fazenda.gov.br/arquivos-destaques/previdencia_pgfn.pdf. Acesso em 25 abr. 2019.

PROCURADORIA GERAL DISTRITAL DE LISBOA – PGDL. Lei nº 32, de 30 de maio de 2014. Aprova o procedimento extrajudicial pré-executivo. *Diário da República*, 30 mai. 2014. Disponível em: https://dre.pt/pesquisa/-/search/25345939/details/maximized. Acesso em 19 jun. 2019.

PROCURADORIA GERAL DISTRITAL DE LISBOA – PGDL. Decreto-Lei nº 38, de 08 de março de 2003. No uso da autorização legislativa concedida pela Lei nº 23/2002, de 21 de Agosto, altera o Código de Processo Civil, o Código Civil, o Código do Registo Predial, o Código dos Processos Especiais de Recuperação da Empresa e de Falência, o Código de Proced. *Diário da República*, 08 mar. 2003. Disponível em: https://dre.pt/pesquisa/-/search/220944/details/maximized. Acesso em 22 jun. 2019.

PROCURADORIA GERAL DISTRITAL DE LISBOA – PGDL. Lei nº 41, de 26 de junho de 2013. Aprova o Código de Processo Civil. *Diário da República*, 26 jun. 2013. Disponível em: http://www.pgdlisboa.pt/leis/lei_mostra_articulado.php?nid=1959&tabela=leis. Acesso em 19 jun. 2019.

PROCURADORIA GERAL DISTRITAL DE LISBOA – PGDL. Decreto-Lei nº 226, de 20 de novembro de 2008. No uso da autorização legislativa concedida pela Lei n.º 18/2008, de 21 de Abril, altera, no que respeita à acção executiva, o Código de Processo Civil, os Estatutos da Câmara dos Solicitadores e da Ordem dos Advogados e o registo informático das execuções. *Diário da República*, 20 nov. 2008. Disponível em: https://dre.pt/pesquisa/-/search/439815/details/maximized?print_preview=print-preview. Acesso em 22 jun. 2019.

PROCURADORIA GERAL DO ESTADO DE SÃO PAULO. *Projeto devedores qualificados.* Set. 2018. Disponível em: http://www.imprensaoficial.com.br/PortalIO/DO/GatewayPDF.aspx?link=/2018/executivo%20secao%20i/setembro/07/pag_0083_159c5c24cc88c16de2bf386828b06d5e.pdf. Acesso em 27 abr. 2018.

PROCURADORIA GERAL DO ESTADO DE SÃO PAULO. *Resolução PGE/SP nº 21, de 23 de agosto de 2017*. 2017. Disponível em: https://www.jusbrasil.com.br/diarios/158268910/dosp-executivo-caderno-1-25-08-2017-pg-68. Acesso em 27 abr. 2019.

PRUDENTE, Antônio Sousa *apud* MELO, Carlos Francisco Lopes. Execução fiscal administrativa à luz da Constituição Federal. *Revista da AGU – Advocacia-Geral da União*, ano 11, n. 31, p. 7-25, jan./mar. 2012. Disponível em: https://seer.agu.gov.br/index.php/AGU/article/view/127. Acesso em 19 jun. 2019.

RÉPUBLIQUE FRANÇAISE. Legislação francesa (Legifrance). *Livre des procédures fiscales.* Disponível em: https://www.legifrance.gouv.fr/affichCodeArticle.do?idArticle=LEGIARTI000025033183&cidTexte=LEGITEXT000006069583&categorieLien=id&dateTexte=20120601. Acesso em 01 jun. 2019.

REFERÊNCIAS | 127

REVISTA CONSULTOR JURÍDICO. *Minas Gerais vai desistir de ações de execução fiscal de até R$35 mil.* 18 mai. 2015. Disponível em: https://www.conjur.com.br/2015-mai-18/mg-desistir-acoes-execucao-fiscal-35-mil. Acesso em 28 abr. 2019.

RODAS, Sérgio. Arbitragem e conciliação revolucionarão processo tributário, diz Marcelo Navarro. *Revista Consultor Jurídico*, dez. 2016. Disponível em: https://www.conjur.com.br/2016-dez-09/conciliacao-revolucionara-processo-tributario-marcelo-navarro. Acesso em 25 abr. 2019.

SANTIAGO, Rafael da Silva. Desjudicialização da cobrança de tributos: um caminho para a consolidação dos direitos humanos no âmbito da tributação. *Revista Thesis Juris*, 2012. Disponível em: www.revistartj.org.br/ojs/index.php/rtj/article/download/1/pdf. Acesso em 25 abr. 2019.

SILVA, Paula Costa. *A reforma da acção executiva.* 3. ed. Coimbra: Coimbra Editora, 2003.

SOUZA, Lígia Arlé Ribeiro de. A importância das serventias extrajudiciais no processo de desjudicialização. *Jus Navigandi*, Teresina, ano 16, n. 3029, 17 out. 2011. Disponível em: https://jus.com.br/artigos/20242/a-importancia-das-serventias-extrajudicias-no-processo-de-desjudicializacao. Acesso em 11 jun. 2019.

SOUZA, Tiago Fontoura de. O protesto extrajudicial de certidão de dívida ativa após a edição da Lei nº 12.767/2012. *Revista de Doutrina do TRF4*, 27 fev. 2015. Disponível em: http://revistadoutrina.trf4.jus.br/index.htm?http://revistadoutrina.trf4.jus.br/artigos/edicao064/Tiago_deSouza.html. Acesso em 15 jun. 2019.

STRECK, Lenio Luiz *et al.* (Org.). *Comentários ao Código de Processo Civil.* São Paulo: Saraiva, 2016.

SZKLAROWSKY, Leon Frejda. Arbitragem na área tributária. *Revista Jus Navigandi*, Teresina, ano 13, n. 1727, 24 mar. 2008.

TAVARES, Ana Lúcia de Lyra. O direito comparado na história do sistema jurídico brasileiro. *Revista de Ciência Política – FGV*, Rio de Janeiro, p. 55-90, nov. 1989, jan. 1990. Disponível em: bibliotecadigital.fgv.br/ojs/index.php/rcp/article/download/59810/58140. Acesso em 18 jun. 2019.

TESOURO NACIONAL. *Cadin.* 2015. Disponível em: http://www.tesouro.fazenda.gov.br/cadin-faq. Acesso em 13 jun. 2019.

TORRES, Heleno. *Proposta de Reforma da Execução Fiscal – modelo misto*: judicial e administrativa. Disponível em: https://www2.camara.leg.br/atividade-legislativa/comissoes/comissoes-temporarias/especiais/55a-legislatura/pl-2412-07-execucao-da-divida-ativa/documentos/audiencias-publicas/heleno-torres-da-universidade-de-sao-paulo-usp. Acesso em 16 jun. 2019.

VELLOSO, Rodrigo. Uma breve história dos impostos. *Revista Super Interessante*, Editora Abril, 30 jun. 2003. Disponível em: https://super.abril.com.br/historia/por-que-pagamos-impostos/. Acesso em 01 jun. 2019.

VICTOR, Sérgio Antônio Ferreira. *Diálogo institucional, democracia e estado de direito: o debate entre o Supremo Tribunal Federal e o Congresso Nacional sobre a interpretação da Constituição.* Tese de doutorado defendida perante a Universidade de São Paulo, 2013. Disponível em: www.teses.usp.br/teses/disponiveis/.../Sergio_Antonio_Ferreira_Victor_Tese_2013.pdf. Acesso em 01 jun. 2019.

WATANABE, Kazuo. Acesso à justiça e sociedade moderna. *In*: GRINOVER, Ada Pellegrini *et al.* (Coord.). *Participação e Processo.* São Paulo: Revista dos Tribunais, 1988.

WEDY, Ana Paula Martini Tremarin. Proposições alternativas ao processo judicial de execução fiscal. *Revista de Doutrina da 4ª Região*, Porto Alegre, n. 61, ago. 2014.

WIKIPEDIA. *R v Oakes*. Disponível em: https://en.wikipedia.org/wiki/R_v_Oakes. Acesso em 25 abr. 2019.

Esta obra foi composta em fonte Palatino Linotype, corpo 10
e impressa em papel Offset 75g (miolo) e Supremo 250g (capa)
pela Laser Plus Gráfica, em Belo Horizonte/MG.